民國滬上初版書·復制版

理學綱要

呂思勉 著

上海三聯書店

图书在版编目(CIP)数据

理学纲要 /吕思勉著. ——上海:上海三联书店,2014.3
(民国沪上初版书·复制版)
ISBN 978 - 7 - 5426 - 4541 - 8

Ⅰ.①理… Ⅱ.①吕… Ⅲ.①理学—研究 Ⅳ.①B244.05

中国版本图书馆 CIP 数据核字(2014)第 020099 号

理学纲要

著　　者 /吕思勉
责任编辑 /陈启甸 王倩怡
封面设计 /清风
策　　划 /赵炬
执　　行 /取映文化
加工整理 /嘎拉 江岩 牵牛 莉娜
监　　制 /吴昊
责任校对 /笑然
出版发行 /上海三联书店
　　　　　(201199)中国上海市闵行区都市路 4855 号 2 座 10 楼
网　　址 / http://www.sjpc1932.com
邮购电话 / 021 - 24175971
印刷装订 /常熟市人民印刷厂

版　　次 / 2014 年 3 月第 1 版
印　　次 / 2014 年 3 月第 1 次印刷
开　　本 / 650×900　1/16
字　　数 / 120 千字
印　　张 / 14.5
书　　号 / ISBN 978 - 7 - 5426 - 4541 - 8/B·330
定　　价 / 78.00 元

民国沪上初版书·复制版
出版人的话

如今的沪上，也只有上海三联书店还会使人联想起民国时期的沪上出版。因为那时活跃在沪上的新知书店、生活书店和读书出版社，以至后来结合成为的三联书店，始终是中国进步出版的代表。我们有责任将那时沪上的出版做些梳理，使曾经推动和影响了那个时代中国文化的书籍拂尘再现。出版"民国沪上初版书·复制版"，便是其中的实践。

民国的"初版书"或称"初版本"，体现了民国时期中国新文化的兴起与前行的创作倾向，表现了出版者选题的与时俱进。

民国的某一时段出现了春秋战国以后的又一次百家争鸣的盛况，这使得社会的各种思想、思潮、主义、主张、学科、学术等等得以充分地著书立说并传播。那时的许多初版书是中国现代学科和学术的开山之作，乃至今天仍是中国学科和学术发展的基本命题。重温那一时期的初版书，对应现时相关的研究与探讨，真是会有许多联想和启示。再现初版书的意义在于温故而知新。

初版之后的重版、再版、修订版等等，尽管会使作品的内容及形式趋于完善，但却不是原创的初始形态，再受到社会变动施加的某些影响，多少会有别于最初的表达。这也是选定初版书的原因。

民国版的图书大多为纸皮书，精装（洋装）书不多，而且初版的印量不大，一般在两三千册之间，加之那时印制技术和纸张条件的局限，几十年过来，得以留存下来的有不少成为了善本甚或孤本，能保存完好无损的就更稀缺了。因而在编制这套书时，只能依据辗转找到的初版书复

制,尽可能保持初版时的面貌。对于原书的破损和字迹不清之处,尽可能加以技术修复,使之达到不影响阅读的效果。还需说明的是,复制出版的效果,必然会受所用底本的情形所限,不易达到现今书籍制作的某些水准。

民国时期初版的各种图书大约十余万种,并且以沪上最为集中。文化的创作与出版是一个不断筛选、淘汰、积累的过程,我们将尽力使那时初版的精品佳作得以重现。

我们将严格依照《著作权法》的规则,妥善处理出版的相关事务。

感谢上海图书馆和版本收藏者提供了珍贵的版本文献,使"民国沪上初版书·复制版"得以与公众见面。

相信民国初版书的复制出版,不仅可以满足社会阅读与研究的需要,还可以使民国初版书的内容与形态得以更持久地留存。

2014 年 1 月 1 日

呂思勉編

理學綱要

中華民國二十年三月初版

序

本書計十五篇乃民國十五年予在上海滬江大學講中國哲學史時所手編之講義也今略加修改以成是書。

理學行世幾千年與國人之思想關係甚深；然其書率多瑣碎乏條理又質而不文讀者勸爲學案之作人猶病其繁重卒不能得其要領也是書舉理學家重要學說及其與前此學術思想之關聯後此社會風俗之影響一一挈其大要卷帙雖少綱領具讀此一編於理學之爲如何學問可以知其大概矣故名之曰理學綱要。

自宋迄今，以理學名家者無慮千人；然其確有見地不與衆同者不過十餘家耳茲編即以是爲主（其大同小異者即附其人之後如慈湖附象山後是也）其無甚特見者總爲一篇敍其名氏傳授以見斯學之源流派別而已諸賢事迹限於篇幅未及詳敍如欲尚論其世固有史傳及諸家學案在也。

理學與古代哲學及佛學皆有關係近人能言之然所見者似皆非其眞也茲故別爲一篇論之雖似旁文實爲斯學來歷了此則理學中重要之說皆迎刃而解矣不可不細讀也。

數術非中國哲學正宗然亦自成一派，且與社會思想關係頗深，世多目為索隱行怪甚或斥為迷信，非也。數術家之所言雖未必確，以為迷信則實不然。真知數術家之所言，乃知迷信之流自附於數術者悉非其實耳。茲總為一篇敍之。邵子雖以數術名，實於哲理發明為多，數術非所重也，故別為篇。

理學特色在於躬行實踐，非如尋常所謂哲學者；但歷好奇之心馳玄遠之想而已。諸家之說各有不同，非好為異也。補偏救弊立言固各以其時殊塗同歸轍跡原無須強合。又有前人見其淺後人見其深者，此則思想演進次第當然，不必存入主出奴之見也。茲編於諸家相承相矯及其同時分爭合一之故，並詳析言之，以見學術演進之跡。至於各人受用則或因其性之所近或矯其習之所偏，有難範以一律者，非茲編之所能言也。

民國十七年三月二十三日武進呂思勉識

理學綱要目錄

理學綱要

篇一　緒論

今之人有恆言曰「宇宙觀」又曰，「人生觀，其實二者本係一事何則？人者宇宙間之一物明乎宇宙之理則人之所以自處者自得其道矣。

哲學非絕人之事也。凡人所爲者亦皆有其所以然之故，卽哲學之端也雖然，此特隨事應付耳若深思之，則我之所以處此，與此事之究須措置與否，乃皆有可疑。（如飢而食特應付事物耳。恆人爲眼前事物所困，食而生不食而死孰爲眞是凡飲食者未有能言之者也。一一窮究之，卽成哲學矣。）隨事應付且不暇更何暇遊心於高遠一社會中必有處境寬閒能游心於遠者又必有因性之所近遇事輒喜思索者乃取恆人所不暇深思及其困於智力不能深思之端，而一一深思之，而哲學於是乎起矣。

然則哲學非隨事應付之謂也。隨事應付恆人本自能之所有待於哲學者則窮究宇宙之理以定目前應付之法耳。（以非窮究到底則目前應付之法無從證爲眞是也。）然則哲學者窮究宇宙之理以明立身

處世之法者也。故真可稱爲哲學家者其宇宙觀及人生觀，必有以異於恆人而不然者，則不足稱爲哲學家。

有一種新哲學與必能改變舊哲學之宇宙觀及人生觀而不然者，則不足稱爲新哲學

篇二　理學之原

吾國哲學有三大變遂古之世本有一種幽深玄遠之哲學與神敎相混爲後來諸子百家所同本諸子之學，非不高深然特將古代之哲學推衍之於各方面其宇宙觀及人生觀，初未有所改變也。西漢、魏晉諸儒；不過發揮先秦諸子之學更無論矣此一時期也佛敎東來，其宇宙觀及人生觀實有與吾國異者吾國人受其感化而其宇宙觀人生觀亦爲之一變此又一時期也。佛學既敝理學以興兼采佛學之長然其大體，固欲恢復吾國古代之哲學以拯佛學末流之弊宋學之中，朱、陸不同，有明之學陽明、甘泉諸家亦復互異然其大體，此僅其修爲之法小有乖違以言乎其宇宙觀人生觀則固大致相同也此又一時期也。此等大槪今之人類能言之。然其所以然之故，及其同異之真則能詳悉言之者甚鮮茲編略述宋明哲學即所謂理學者之真相；及其與他時代之不同；幷其所以然之故千金敝帚雖或寶燕石而不自知然大輅椎輪先河後海郢書燕說，世固有其物不足貴，而其功不必薄者矣。

理學者，佛學之反動，而亦兼采佛學之長以調和中國之舊哲學與佛學者也。一種學術，必有其獨至之處，亦必有其流弊流弊不可以無以矯之，獨至之處，亦不容埋沒，故新興之學術，必能祛舊學術之流弊而保其所長。謂爲代興之新學術可，謂爲改良之舊學術亦無不可也。凡百學術新舊遞嬗之際皆然佛學與理學亦何獨不然。

又天下無突然而生之事物，新者之興，必有所資於舊。天下亦無眞芻狗可棄之事物，一種學術，一時爲人所厭棄往往隔若千年而又盛行爲理學之於中國舊哲學則如是，中國舊有之哲學蓋自神教時代遞演，遞進至周、秦之際而極盛，兩漢、魏、晉間有新思想然其大體固不越古代哲學之範圍佛教興而中國哲學，一時退處於無權然其中固不乏獨至之處，宋學與乃即以是爲憑藉以與佛學相抗焉故不知佛學之大要，不可以言宋學不知中國古代哲學之大要亦不可以言宋學也。

哲學有其質亦有其緣。論其質則世界哲學無不從同以人之所疑者同也。論其緣，則各民族所處之境，不能無異所處之境異斯其所以釋其疑者亦自異矣此世界各國之哲學所以畢同畢異也明乎此，乃可據見在哲學之條理以求中國古代之哲學。

哲學之根本云何曰宇宙觀人生觀是已。人生而莫不求知；求知，則凡可知之物，莫不欲盡明其底蘊人

生而莫不求善；則我之所執以爲我者，必求措諸至當之地而始安夫宇宙者，萬物之總括也明乎宇宙，

則於事物無不明；而我者宇宙中之一物也明乎宇宙之蘊則我之所以自處者不靳得其道而自無不得其道

矣。此宇宙觀與人生觀所以二而實一而各國哲學莫不始於宇宙論也。

字果有際乎宇果有初乎？此非人之所能知也顧古之人不知其不可知也。不知其不可知，而其事又卒

不可知古之人果何以釋此疑哉？曰不知彼者視諸此由近以推遠即小以見大此人類求知之恆蹊哲學之

初亦若是則已矣。

物必有其所由來；欲明其物者，必先知其所由來，此不易之理也芸芸萬物，果孰從而知其所由來哉？古

之人則本諸身以爲推見夫生物之生必由牝牡之合也則以爲一切物亦若是而已矣所謂「物本乎天人

本乎祖」也。（禮記郊特牲）於是陰陽爲萬有之本之義立焉是爲哲學之第一步。（古代哲學殆無不自

男女搆精推想而出者易之一一二畫卽象男女陰。老子曰：「大國者下流，天下之交，天下之牝牝常以靜

勝牡以靜爲下故大國以下小國則取小國小國以下大國則取大國。故或下以取，或下而取大國不過欲兼

畜人小國不過欲入事人夫兩者各得所欲大者宜爲下。」尤皆以男女之事爲喻也哲學之初，雜以男女生

殖之說不獨中國爲然實由古人所欲推求首在萬物之所由來也。

顧既求所謂原因，則必得其惟一者求萬物之所由來，而得陰陽二元，非人智之所能甘也則必進而求

之進而求之，而惟一之境實非人所能知，則不得不出以假設以爲陰陽以前實有一爲陰陽之所自出者是

爲兩儀所從生之大極是爲哲學之第二步。

哲學者所以解釋一切見象者也不能解釋一切見象，不足以爲哲學。既有哲學，則必對一切見象力求

有以解釋之故哲學以解釋事物而與亦以解釋事物而生變遷有陰陽二者足以釋天地之相對矣足以釋

日月之代明矣然時則有四，何以釋之？於是分陰陽爲大少，而有所謂四象人之前後左右其方向亦爲四以

四象配之足矣加之身之所處則爲五；更加首之所戴則爲六四正加以四隅則爲八；八加中央爲九；九之周

圍爲十二又何以說之？於是有以四時分配四方更加中央爲五帝加昊天上帝爲六帝五帝分主四時化育，

而昊天上帝則無所事事之說出焉。有上帝周行八方，而還息乎中央所謂大一行九宮之說出焉。九宮之周

圍爲十二恰與一年十二月之數相當於是天子之治天下十二月各有其當行之政謂其本乎天意也。（五

帝六天說出緯候謂東方青帝靈威仰，主春生南方赤帝赤熛怒主夏長西方白帝白招拒主秋成北方黑帝

汁光紀主冬藏中央黃帝含樞紐則寄王四時以四時化育亦須土也更加昊天上帝耀魄寶則爲六帝昊天

上帝爲最尊之天神餘五帝則分主化育之功者也。大一行九宮說出乾鑿度鄭注曰：「大一者北辰神名。下

行八卦之宮，每四乃還於中央。中央者北辰之所居故謂之九宮天數大分以陽出以陰入陽起於

午，是以大一下行九宮從坎宮始自此而從於坤宮自此而從於震宮自此而從於巽宮所行半矣還息於中

央之宮既又自此而從於乾宮又自此而從於兌宮又自此而從於艮宮又自此而從於離宮行則周矣還遊

息於大一之星而反紫宮行起從坎宮始終於離宮也。案此所謂「大一」者即昊天上帝也古說天有

九野故地有九州明堂亦有九室王者居之以出政令蓋象昊天上帝五官之設則所以象五方帝也昊天

上帝無所事事故古代君德亦貴無為非無所事事乃復起之義其初蓋正謂無所事事耳古代神教最

尊天象故舉四時八方等說一一以此貫之也。○天有九野見淮南子天文訓）凡此者皆舉錯雜之見象一

一以哲學釋之且穿貫諸說為一說者也此為哲學之第三步。

自物質言之，則因天有四時而萬物皆生於土乃分物質為五行。五行之生以微著為次此所以說萬物

之生成。（尚書洪範正義：「萬物成形以微著為漸。五行先後亦以微著為次。水最微為一火漸著為二木形

實為三金體固為四土質大為五也」）又有相生相勝之說則所以說萬物之迭成迭毀者也。（蕭吉五行大

義：「木生火者木性溫暖伏其中鑽灼而出火生土者火熱故能焚木木焚而成灰即土也金居石依山津

潤而生聯土成山必生石故生金金生水者少陰之氣溫潤流澤銷金亦為水水生木者水潤而能生」白虎

通五行篇：「天地之性衆勝寡，故水勝火也精勝堅，故火勝金剛剛勝柔，故金勝木專勝散，故木勝土實勝虛，故土勝水也。」案此篇於萬物之成毀無不以五行生勝釋之其說雖不足信然在當時實能徧釋一切現象且顏有條理統系也。）

萬物之迭成迭毀自淺者視之則以爲成者自無而之有毀者自有而之無而已稍深思之則知宇宙間物祇有所謂變化更無所謂有無質力不滅之理固不必待科學爲證即據理推測亦未嘗不可得之也旣知宇宙間祇有變化更無有無則不得不以萬物之原質爲一萬物之原質古人名之曰氣「臭腐化爲神奇神奇復化爲臭腐」皆此氣之變化也。（莊子知北遊：「人之生氣之聚也聚則爲生生則死臭腐復化爲神奇神奇化爲臭腐」）於是萬物之原因乃不在其何以有而在其何以變（此時已知有無之不可知矣。）列子湯問：「殷湯問於夏革曰：古初有物乎？夏革曰：古初無物今安得物後之人將謂今之無物可乎？湯曰然則物無先後乎？夏革曰物之終始初無極已始或爲終終或爲始惡知其紀然自物之外自事之先朕所不知也」言此義最明）世界質力之變化非人之所能知也即其變而名之則曰動而已矣於是世界之眞原因乃成爲一種動力易大傳曰「易不可見則乾坤或幾乎息」（易與春秋皆首元元即動力也易曰：「大哉乾元萬物資始乃統天」春秋繁露重政篇曰「元猶原也元者萬物之本在乎天地之前。」乾鑿度

曰：「有太易，有太初，有太始，有太素。太易者，未見氣也。太初者氣之始也。太始者形之始也。太素者質之始也。

氣形質具而未相離謂之渾沌渾沌者言萬物相渾沌而未相離也。」皆以一種動力爲宇宙之原也。老子

曰：「有物混成先天地生宿兮寥兮獨立而不改周行而不殆可以爲天下母」又曰：「谷神不死是謂玄牝，

玄牝之門是謂天地根綿綿若存用之不勤。」皆指此而言之也。（谷者空虛之義神者動力之謂玄牝言其

不息玄者深遠之義牝者物之所由生玄牝之門是謂天地根言天地由此而生也綿綿若存言其力之不可

見用之不勤仍言其不息也。） 是爲哲學之第四步。

宇宙之間旣無所謂有無則尋常所謂有無之見破，尋常所謂有無者其實皆有，其實

皆有，而又明見爲無則所謂有無者非眞有無乃人能認識與不能認識之別耳同一一氣也何以或爲人所能

認識或爲人所不能認識以其氣有疏密故也密則爲人所能識疏則非人所能識矣。故曰「精氣爲物遊魂

爲變」（精者物質凝集緊密之謂公羊莊十年「觕者曰侵精者曰伐」注「觕麤也精猶密也」老子：「窈

兮冥兮其中有精其精甚眞」眞闐同訓管子內業：「凡物之精此則爲生下爲河嶽上爲列星」古人說

爲物」之說又曰：「流於天地之間謂之鬼神」則「遊魂爲變」之說也遊訓遊散見韓康伯注。）古人說

死生之故，恆以是言之。（人所識謂之明所不識謂之幽有幽明而無死生也後來言此理者張橫渠最明。）

既以宇宙萬物爲一氣所成，陰陽二元之說其自此途廢乎曰：不然陰陽之說與一氣之說相成而不相破者也自其本質言之曰一氣自其鼓盪言之曰陰陽蓋變動之象爲人所能識者不外乎相迎相距以理言固可謂爲同體而異用以象論夫固見其判然而不同既已判然不同，即可立陰陽二名以命之矣。職是故古人卽所謂一氣者，而判之爲輕清重濁二端，「輕清者上爲天重濁者下爲地。」（見列子天瑞篇）物之輕浮而上升者皆天類也其重濁而下降者皆地類也。（易文言曰：「本乎天者親上本乎地者親下則各從其類也）天地之氣，初非各不相涉，而且彼此相求。春融和夏炎暑則曰「天氣下降地氣上騰」秋肅殺冬閉塞則曰「天地不通」（月令）自男女雌雄牝牡之相求以至於日月之運行寒暑之迭代無不以是釋之陰陽二元之說與宇宙原質爲一氣之說不惟不相背且相得益彰相待而成矣是爲哲學之第五步。

宇宙一切現象，既莫非氣之所成；而其所由然又皆一氣之自爲鼓盪，而非有物焉以爲之主，（莊子所謂「吹萬不同使其自己咸其自取怒者其誰」也）則其說已成今所謂汎神論汎神論者世界之本體卽神。於其浩無邊際而見其偉大焉，於其更無起訖，而見其不息焉，於其變化無方而仍有其不易之則，而見其不測與有秩序焉汎神論之所謂神較之一神論多神論之所謂神固覺其確實而可信；亦正因其確實可信，

而彌覺其大也。故中國古籍，於神之一字皆極其歎美。（易大傳曰：「神無方而易無體。」又曰：「陰陽不測之謂神」言彌淪乎宇宙之間者惟有一神更不能偏指一物以當之也故曰「鬼神之爲德其盛矣乎視之而不見聽之而不聞體物而不可遺」張橫渠說鬼神亦深得古人之旨）而如「至誠無息」等之所謂至誠亦皆所以狀世界之本體者也。

通宇宙之間，旣除一氣之外更無餘物則人亦自爲此氣之所成而爲宇宙之一體宇宙之一體何以成爲人自宇宙言之謂之命自人言之謂之性。（大戴禮記本命篇）宇宙間一切各有其不易之則人爲宇宙之一體自亦有其當循之道故人貴盡性抑人旣爲宇宙之一體，非盡明乎宇宙之理固無從知自處之方苟眞明乎自處之方，則於宇宙之理已無不貫矣。故曰「盡其心者知其性也；知其性則知天矣」（孟子盡心。又曰「窮理盡性以至於命」（本命篇）我者宇宙之一體萬物亦宇宙之一體萬物與我旣同爲宇宙之一體則明乎處我之道者亦必明乎處物之道故曰「能盡其性則能盡人之性能盡人之性則能盡物之性能盡物之性則可以贊天地之化育可以贊天地之化育則可以與天地參」（中庸荀子天論「天有其時，地有其財人有其治夫是之謂能參」亦此義所謂治乃盡性後之辦法也）此所謂天人合一至此則人與自然冥合無間而推論之能事極而力行之義蘊亦盡於此矣此爲哲學之第六步。

中國古代之道德倫理無一不本於法自然者以全宇宙皆一氣所成也，故我與天地萬物可以爲一體。

（惠施之說見莊子天下篇）一體即融合無間之謂與上文所用一體字異義。上文所用一體乃孟子「子夏，

子游子張皆有聖人之一體」之一體也。）以全宇宙之動盪不已也，故有自強不息之義夫合全宇宙而爲

一動，則雖謂其動即其靜可也，故動靜交相資以其變化不居而仍有其一定之則也，故有變易不易易簡三

義乃盡易之蘊。（周易正義八論引乾鑿度曰：「易一名而含三義所謂易也、變易也、不易也、易者其德也光

明四通簡易立節天以爛明日月星辰布設張列通精無門藏神無穴不煩不擾澹泊不失變易者其氣也天

地不變不能通義易者其位也，天在上地在下」鄭玄依此作易贊及易論曰：「易一名而含三義易簡一也。

變易二也不易三也。」案此易之大義也，自然見象從差別中見其平等亦從平等中見其差別。

其差別則所謂易也從差別中見其平等則所謂不易也所謂易簡者謂極錯雜之見象統馭於極簡單之原

理莫之爲而爲莫之致而至，亙古如斯從不差忒也」以時時變動不居也故賤執一而貴中庸（以幾何學

之理譬之世界猶體至當不易之道必有一點，而亦僅有一點，此即中庸之所謂中庸也。

使世界靜止則此點恆常擇而執之初非難事惟世界變易無一息之停故此點所在亦無一息而不變動擇

而執之斯爲難矣孔子所以歎「中庸不可能」也。）以萬物之動各有其軌道而不相亂也故各當其位爲

治之至。（易之道莫貴乎當位。禮運曰：「物大積焉而不蘊並行而不繆細行而不失深而通茂而有間連而不相及也動而不相害也此順之至也）即所謂各當其位也。大學之道極於平天下。平天下之義荀子榮辱篇說之曰：「農以力盡田賈以察盡財工以巧盡械器士大夫以上至於公侯莫不以仁厚知能盡官職夫是之謂至平。」亦不過各當其位而已。（法家之明分職義亦如此。）以自古迄今一線相承也故有正本慎始、謹小、慎微之義而「正其義不謀其利明其道不計其功」言道德者最重動機焉以世界本爲一體彼之於此，無一息不相干也故成己可以成物正人必先正己而反求諸己則一心又爲一身之本焉。（宋儒治心之學，古人有先發之者莊子天道篇曰「萬物無足以撓其心者故虛靜天地之鑑也萬物之鏡也夫虛靜恬淡，寂寞無爲者天地之平而道德之至故帝王聖人休焉休則虛虛則實實者倫矣虛則靜靜則動動則得矣」荀子天論曰：「形具而神生好惡喜怒哀樂臧焉夫是之謂天情耳目鼻口形能各有接而不相能也夫是之謂天官心居中虛以治五官夫是之謂天君」解蔽曰：（治之要在於知道人何以知道曰心何以知道曰虛壹而靜」皆與宋儒所言無以異也）以天尊地卑各有定位故有君貴臣賤重男輕女之義以孤陽不生，獨陰不長故雖重男抑女而陰陽仍有平等之義焉以春秋冬周而復始認一切現象皆爲循環故有禍福倚伏持盈保泰之義又有「天不變道亦不變」之說焉抑且萬事萬物皆出陰陽二元故有彼必有此既貴

仁，又貴義旣重禮亦重樂，一切承認異己者之並立，而不趨極端焉。此等要義，悉數難終蓋國國性今日之思想，

溯其原無不與古代哲學相貫通者，哲學思想之初起，雖由一二哲人；而其昌大則擴爲全社會之思想。（亦

可云：此種思想在此環境中，最爲適宜故全社會人胥具之，而哲人則其研究之尤透澈者也。）雖屢與異族

接觸而其根柢曾未搖動，甚矣國性之入人深也

以上所述爲古代普通思想又有所謂數術家者，則其思想，頗近於唯物派案漢志諸子略之陰陽家出

於羲和之官數術六家亦云出於明堂義和史卜之職二者蓋同出一原而一陳其事一言其義也數術六家，

天文、歷譜、五行、蓍龜、雜占皆近迷信（天文歷譜本無所謂迷信然古人於此恆雜以占驗之術。漢志謂「天

文者序二十八宿步五星日月以紀吉凶之象」歷譜以「探知五星日月之會凶阨之患吉隆之喜」是也。

」其思想最於惟物派爲近（此等思想後世亦非無之特不盛耳如王仲任卽其一也細讀論衡自見中

國各種迷信之術惟相法較爲通人所信荀子已有非相篇其後論衡、潛夫論、申鑒於相學皆不全然排斥亦

也」天文家有圖書祕記十七篇蓋卽讖之所本也。）惟形法一家漢志述其學曰：「大擧九州之勢以立城郭室

舍。形人及六畜骨法之度數器物之形容以求其聲氣貴賤吉凶猶律有長短而各徵其聲非有鬼神數自然

以相法根據人之形體究有所依據也此亦據骨法之度數以求貴賤吉凶之理。）形法家之所謂數者蓋物

質自然必至之符。形法家以為萬物之變化，皆可求諸此；而不認有官體所不能感覺之原因，故曰「非有鬼神。」（古人以萬有之原質為氣，而氣又分輕清重濁二者，輕清者上為天，重濁者下為地。人則兼備此二氣，所謂「沖和氣者為人」也。物亦然所謂「萬物負陰而抱陽沖氣以為和」也。人之死也輕清之氣歸於天，重濁之氣歸於地所謂「體魄則降和氣在上」；所謂「骨肉復歸於土魂氣則無不之」所謂「骨肉斃於下陰，為野土其氣發揚於上為昭明，焄蒿悽愴」也。此為普通思想形法家之所持為無鬼論）漢志則不以其說為然故駁之曰：「形與氣相首尾。亦有有其形而無其氣，有其氣而無其形者。」漢志之所謂蓋亦易大傳「精氣為物」之物。其所謂氣蓋即「游魂為變」之魂，而亦即形法家所謂「鬼神」漢志蓋亦如普通之見以萬物之原質（氣）時而有形可見時而無形可見（精氣變為游魂游魂復為精氣所謂「相首尾」也。）故於形法家之說加以詰難也形法家之思想，而實如此在諸學派中實最與今所謂科學者相近。而顧與天文歷譜五行蓍龜雜占等迷信之術同列一路，其故何哉？豈校讎者之無識與非也夫天文歷譜五行蓍龜雜占亦非必迷信之術。而其後卒入於迷信者蓋時勢為之也何也夫「理事不違」欲明一理者，不得不偏究萬事其說突然事物之紛紜卒非人所能盡究。於是不得不即已經研究之事姑定為一理，而執之以推其餘。（宇宙之廣大悠久實非人之所能知乃有欲即其已知以推其未知者。史記述鄒衍之

學謂其「先驗小物，推而大之，至於無垠。先序今以上至黃帝，學者所共述。大並世盛衰因載其禨祥制度。推而遠之，至天地未生，窈冥不可考而原也。先列中國名山大川，通谷禽獸水土所殖物類所珍。因而推之及海外人之所不能睹」所用者即此術也。太玄為揚雄最得意之作其書起冬迄大雪之末備詳一年之變遷亦以宇宙久大不可得而知以為宇宙一期之變遷必與一年之變遷相類乃欲據此以測彼耳邵子之元會運世亦此思想也）此蓋凡研究學術者所不能免其法亦不得為誤其所以致誤者則以其所據之事有確有不確其所推得之理遂有正有不正耳數術六家蓋皆欲即天然之見象以研究其理者有所根據之見象有全然不確者如著龜及雜占是也有所根據之現象雖確而其研究所得則不確者如天文歷譜五行形法諸家是也接於人之見象大概可分為自然現象社會現象二者欲求宇宙之真理二者固不可遺其一中國學問向來偏於社會見象而缺於自然見象其有據自然現象以研究哲理者則古代之數術家其先河也後世之數術家其思想亦不外此（學問不能前無所承中國研究自然見象者惟有數術家。故少數喜研究自然見象之人不期而入於此派）

以上論中國古代之哲學竟以下請略論佛教之哲學。

哲學有其質亦有其緣以質言則世界各國無不從同以緣言則各民族因處境之不同，其所從言之者，

途不能無異前已言之。中國哲學與印度哲學之異同，其理亦不外此。

哲學之演進有其一定之步驟焉。其始也必將宇宙全體分析為若干事物（渾淪之宇宙，為人所不能認識。人能知二，不能知一也。故認識即是分別）。而於其間立一因果關係，以此事為彼事之原因，此物為彼物之原因。如基督教謂天主造物，七日而成？中國古說謂天神中出萬物，地祇提出萬物是也。（說文〇佛教不言時間之長空間之際有問及者斥為戲論見金七十論。佛經推原事物但曰「無始以來」「法爾而有」而已）稍進乃知恆人所謂有無者實為隱顯而非有無。即人能認識與否，而非外物真有所謂有無乃知一切事物有則俱有，無則俱無。彼不因此，此亦不出於彼萬有之原因祇可即謂之萬有而已。（所謂一切攝一切也）此則汎神之論所由興也。夫將宇宙分析，而以此事為彼事之原因，此物為彼物之原因其說實屬不確。迷信此等說者，其所嚴恭寅畏不過如世俗之所謂鬼神，如有物焉臨之在上實之在旁而已。惟尋常人然後信之少有思慮者即唾棄不屑道已。至於汎神之論，則其理確不可易？而宇宙自然之律其力之大莫與京，亦於是乎見之此則明於哲學之士所以恆主隨順自然，利用自然，而不主與自然相抗也。中國之哲學蓋循此途轍而演進。印度亦然其在古代所謂優婆尼沙士者既以代表宇宙之梵為最尊之神。（印度最古之經典曰吠陀婆羅門專司之是為婆羅摩奴之學其書曰阿蘭若迦譯言林中書以婆羅門之年老者恆居林中

也。卽林中書而精撰之，曰優婆尼沙士。譯言奧義書奧義書以梵爲宇宙之本體，亦卽爲我惟一而無差別。

差別者曰摩耶摩耶爲幻人能知我與梵一卽得智明其所以流轉生死者由爲無明所迷不知差別之爲幻

也。此已啓佛教惟識之先路矣)佛教初與所尊崇者雖爲釋迦牟尼其人及其進爲大乘則所尊崇者實爲

法而非佛。佛人能如法修行卽可成佛(釋尊卽以法爲師而自悟者)見佛固無異見法見法亦無異見佛佛

之所以威力無邊者實以其法身而非以其報身(報身謂佛其人法身卽自然之寓言佛說一念皈依則諸

佛菩薩同時護念，使之去禍得福，猶言人能爲善則自然律中必有善報絲毫不得差忒也其一心信佛之心

觀見者是爲佛之應身謂應於人之念慮而有以今之學理言之可謂應於人之心理作用而有亦卽人之心

理作用所顯現也。然則佛者法之寓言所謂法者卽宇宙定律之

謂也然則大乘教之所謂佛卽宇宙定律也故佛教雖似一神教而實則汎神論無神論也隨順自然

之理佛教中發揮尤切至佛教貴無爲而賤有爲所謂無爲卽隨順自然所謂有爲卽與自然相抗之謂也世

間萬事一切無常是卽中國人所謂無一息不變之宇宙定律知其無常而隨順之是爲聖人強欲使之有常

則凡夫矣聖凡之分卽在於此然則佛非異人所謂佛土亦非異地能明乎宇宙定律而遵守之則娑婆世界

卽是淨土凡夫之身亦卽聖人耳(此地獄之所以頓超也)此其隨順自然之義實與易老無二致也此卽

度哲學與中國同者也。

其與中國異者則因其處境之不同。蓋人之知識雖曰藉智而得;而智之所指必有其方所以定此向者,則情感也。情之所向實因其處境而異。中國地居溫帶,爲文明所自起之黃河流域,在世界文明發原地中,又頗近於寒瘠其民非力作則無以自存。故其所殫心者在如何合群力作以求養生送死之無憾而已印度則地處熱帶民生較裕其所殫心者不在保其身之生存而在免其心之煩惱簡言之:中國人所斬得者身之存(至多兼安樂言之。)印度人所求免者心之苦也。職是故,中國人觀於宇宙而得其變;印度人觀於宇宙而得其空。

何謂中國人觀於宇宙而得其變,印度人觀於宇宙而得其空也?夫宇宙一渾淪之體耳自其全體而言之,可以謂之至實若如恆人之見析宇宙爲若干事物;就人所能認識者則謂之有所不能認識者則謂之無;則其所謂有者亦可謂之至空。(如實則實,空則空分析則空空者所謂真空實者所謂妙有也。)何則?苟爲實有,則應不待因緣而成然世間一切事物無不待因緣成者事物所待之因緣亦無不待因緣成者。則萬事萬物悉非實有可知我事物之一也一切事物皆非實有我安得獨有我且無有安得與我相對之物?我物俱無更安有於苦樂?此蓋印度人欲求免心之煩惱,乃即世間所謂苦者而一一窮究其所自來,窮究至極,遂發見此理

也。此說也以理言之誠亦無以爲難然理論祇是理論，終不能改變事實。吾儕所謂我與物者，就當下之感覺

言之固明明可謂之有有我有物斯有逆順，有逆順斯有苦樂矣此蓋人人之良知。佛雖有師子吼之辯其如

此良知何爲佛教者乃從眞空而得妙有而斷之曰「萬法惟識」蓋恆人以物爲實以法爲空自哲學家言

之則物爲空而法爲實。進一步則法物兩空惟識是真何也夫恆人之所謂實者豈非目可見身可觸之物

邪？其所謂空者豈非目不可見手不可捉之宇宙律邪曰：然曰金石者至堅之物也至堅者不渝之謂也豈不

然曰然自礦物學家地質學家言之金石亦何嘗不變彼金石者固自有其所以成亦終不能免於毀其

成也蓋循宇宙之定律而成及其既成則循宇宙之定律而住方其住時已循宇宙之定律而壞之後乃

成恆人之所謂空蓋一切與他物同金石且然豈況生物然則恆人之所謂實者實則無一是實所可稱爲實

者，則此一切事物循之而成循之而住循之而壞循之而空之宇宙律耳。（實物無一息不變定律則無時或

息。）此佛教中「我空法有」之說亦即普通哲學家之見也更進一步則離宇宙論而入於認識論矣夫世

界萬事一切皆空惟法是實然矣然所謂法者果實有之物邪抑亦吾人之認識所造邪今日見爲赤者，

明日必不能變而爲黃一人以爲甘者衆人必不至皆以爲苦似所謂法者至可信也然有目疾者則視一切

赤物皆若黃有胃病者則嘗一切甘物皆若苦又何以說之此則恆人所謂物之眞相實非物之眞相而爲認

識所成，彰彰矣。人之論事，恆以同自證以多自信。惡知所謂同所以多者悉由人人所造業力相同；故其所見亦同邪？此唯識一宗所以謂萬物悉非實有，悉由人類業力所成亦由人類業力持使不壞也。（世界眞相，實非人之所知，祇是感官所得之相。此理今之哲學家人人能言之。然則吾曹所知，必有吾曹主觀之成分，更無疑矣。設使人類感官增其一或闕其一，卽其所知當不復如是。動物有以臭辨別一切者，有以觸辨別一切者，人不能也。然則彼所知之世界人之腦筋特異於他動物。叔本華曰：「惟人能笑，亦惟人能哭」然則人所知之世界他動物亦不知也。此特以大概言之，若一一細別則吾之所知者人不知，人之所知者人人亦不知人自謂所知與人相同實則無一眞同者也。然則一切皆心造無疑矣。佛說創造此等者爲第八識。八識能總持萬法而不變壞。法者人所由以認識世界康德所謂「先天範疇」也。七識以八識所造之境爲緣恆審思量執爲實有；而所謂我所謂世界於是乎成矣。）此其說實與今之認識論相通。其所異者則今之認識論但證明世界眞相不可知，而一切皆出人之認識而止；而佛教則於此義既明之後又必有其斷向之的，修持之法耳。此則以佛教究爲教而非徒學故也。

所謂世界苦邪樂邪自樂觀者言之則曰樂以世界本善也。今之所以不善者，乃其未至於善，而非其終不能善抑且以進化之理言之。世界終當止於至善也。（亞里士多德之說卽如此。此西人進化之說所由來

也）。自悲觀者言之，則世界之爲世界不過如此，今日固不可爲善，將來亦未必能善，以其質本惡也。然則欲求去苦得樂惟有消滅世界耳，此佛教之終極，所以在於涅槃也。夫世界何自始邪？自恆人言之則曰：盤古一身化爲萬有；自上帝創造，七日而成耳。自不講認識論之哲學家言之則曰不可知耳，自持唯識論者言則人有識之始即世界成立之時，世界者識之所造也，世界既爲識所造，消滅世界惟有滅識耳，故佛教假名識所由起曰「無明」，而曰：「無明生行行生識識生名色名色生六入入生觸觸生受受生愛愛生取取生有，有生生生老病死苦」，所謂「十二緣生」亦即所謂「苦集二諦」也。斷此二諦時曰「滅諦」滅也者，滅此識也。滅識非自殺之謂，自殺祇能殺其身，不能斷其識也，斷其識者所謂「轉識成智」也，識所以可轉爲智者以佛教假名一切罪業之本爲無明，本來清淨之體曰「眞如」；「眞如無明同體不離」（佛家喻之以水與波在今日則有一更切而易明之譬，生理病理是也，病時生理異乎平時，然非別有一身去病還健，亦非別易一身也。）「無明可熏眞如而爲迷，眞如亦可還熏無明而成智也。」佛之所謂寂滅者雖曰轉識成智，非謂使識消滅，所謂世界既係依識而立，識轉爲智即是識滅，識滅即世界消滅矣，故佛教之究竟終不離於涅槃也。

夫如是則佛教與中國哲學之同異可知已矣。佛家既謂一切迷誤皆起於識，則藉智以探求眞理，自然

無有是處。佛家所謂智,不徒不能藉智以求,且必斷識而後能得所謂「惟證相應」也。夫如是,則其修持之法必致漠視事物,而徒致力於一心;而其所謂致力於此心者,又非求以此心駕馭事物,而在斷滅此心之識。此爲佛教進步必至之符。(一種學問,不能無所注重,此勢所必至,無可如何者也。治理學者,曷嘗謂當屏棄事物,專談心性?然物莫能兩大,旣以心性爲重,終亦必偏於治內,亦猶理學未嘗教人以空疏,而卒不免於空疏也。)諸宗之嘗偏於寂滅,然旣以心識爲主,終必偏於遺棄事物,此勢所必至,無可如何者也。佛家六度萬行,曷所以皆衰,禪宗之所以獨盛,蓋由於此。又中國人之所求爲處置事物,處置事物至當不易之道,惟有一點,是爲儒家所謂中庸。仁義皆善,過卽爲惡。(理學家所謂「無善惡,祇有過不及;中卽善,過不及卽惡」也。)佛教旣以去苦爲的,較之中國,自不能不偏於仁。其所謂「菩薩行」者,卽純然一有人無我之境界(讀華嚴經最可見之。佛說四聖:曰「佛」,曰「菩薩」,曰「緣覺」,曰「聲聞」。緣覺聲聞因怖畏生死而修道,猶有我之見存,故大乘斥其不足成佛。菩薩則全與恆人相反,恆人念念不離乎我,菩薩念念有人無我。基督所行,方佛斯義,猶有人我之見存,與恆人處於對待之地位,未爲盡善也。佛則超乎對待之境之外矣。佛教以超出世界爲宗旨,故必至佛而後爲究竟。然佛無可學,恆人所能學者,止於菩薩行,菩薩行所以漸成佛也。)故可委身以飼餓虎;又可任人節節支解,不生嗔怒。由中國之道言之,則過於仁而適成爲不仁矣。

佛教修持之宗旨可攝以一語曰：「悲智雙修。」所謂悲者本於佛教之悲觀其視世界徹始徹終皆為罪惡，無可改良之理欲求善美惟有舉此世界而消滅之耳故其視世界之內，無一人一物而非流轉苦海無一人一物而不可悲可憫也。所謂智者則為救此世界之法所自出必深觀此世界之究竟乃能知其致苦之由乃知所以救之之道救之之道既得則一切善巧方便皆自此出焉其修持之法亦可攝以一語曰：「止觀雙修」止此非寂然不動之謂，而常在正念之謂（若以寂然不動為正念則亦所謂「正念者無念」也）。所謂「十二時中常念於法不相舍離」也蓋天下之禍，成於著而實起於微一千九百十四年歐洲之大戰，其禍可謂博矣推厭由來，則由各民族有互相疾惡之心也由資本家皆思朘人以自肥也各民族何以有互相疾惡之心各資本家何故皆思朘人以自肥其所由來者遠矣不能拔其本塞其原而徒欲去其相疾惡之心與其朘人自肥之念也然此等原因極為深遠；推得一層又有一層在其後則將奈何？曰原因雖極繁複而其性質則極簡單一言蔽之曰：不正之念而已。一人起不正之念則必傳遞激動第二人第二人又激動第三人。如水起微波漸漸大其極遂至於懷山襄陵浩浩滔天然分析之原不過一一微波之相激苟能使千萬微波同時靜止水患固可以立除即能於千萬微波中靜止其一二其靜止之力亦必足以殺洶湧之勢猶其洶湧之勢足以破靜止之局也要之止波其本矣此止之義也觀則所以求智世界上事恒人但觀其

表面，故其論皆似是而非。佛則必須觀鑒到底。故世俗所謂大善，自佛觀之，悉成罪業。且如愛國、愛世界，豈非

世俗以爲大善者哉？然愛其國，則必不愛異國，而兩國相爭，伏尸流血之禍伏於此矣。故貪戀執著之所由起

也。愛世界而不知其方，使貪戀執著之情波及於人人而不可拔，亦爲世界造禍也。故恆人之所謂善，佛豈之

「以少水沃冰山暫得融解還增其厚」然則人固當常念於法而何者爲法非觀鑒極深亦何由知之哉？此

止觀二者所以如車兩輪如鳥雙翼不可偏廢也。

佛教立說之法亦有與中國人異者曰「徹底。」中國人重實務。先聖先賢之說，大抵就事論事之言，誠

不敢謂先聖先賢不知究極之理，然其所傳之說則固以就事論事者爲多矣。佛家則不然，每立一說必審其

所「安立」之處曰「某說在某種標準之下言之者若易一標準則不如是矣。」曰「某法不過一種方便，若

語其究竟則不如此矣。」此等處，中國多不之及。佛家則極爲謹嚴，故其說路路可通，面面無病稱佛說者所

由以圓字美之也。此實印度人言語之法與中國不同也。

以上所述，中國古代之哲學乃理學家之所取材也。佛教之哲學，則或爲其所反對，或爲其所攝取者也。

明乎此，而理學可以進論矣。

篇三　理學源流派別

自宋以來以理學名家者甚多。一一講之之勢將不可勝講諸家有自有發明者亦有僅守前人成說者今先略述其源流派別以下乃就其確有特見者以次講之。

宋學先河當推安定、（胡瑗字翼之泰州如皋人世居安定，學者稱安定先生。）徂徠、（石介字守道奉符人居徂徠山下魯人稱爲徂徠先生。）泰山、（孫復字明復，晉州陽平人退居泰山學者稱泰山先生。）黃東發謂「本朝理學雖至伊洛而精實自三先生始」是也安定於教育最有功其在湖學分經義治事爲兩齋爲宋人之學純於儒之始；亦宋儒喜言經世之學之始。泰山作春秋尊王發微爲宋學重綱紀嚴名分之始。徂徠作怪說、中國論以讒斥佛、老時文則宋學排二氏黜華朶之始也三先生者雖未及心性之精微然其爲宋學之先河則卓然不可誣矣。

三先生同時名儒甚多其兼爲名臣者：則有若范文正、（范仲淹字希文，蘇州吳縣人文正之學原出戚同文同文字同文楚丘人文正四子長純祐字天成。次純仁字堯夫次純禮字彝叟次純粹字德孺堯夫學最著安定泰山徂徠皆客文正門堯夫皆從之游又從南城李覯覯字泰伯學者稱盱江先生。〇横渠少時喜言

兵，嘗欲結客取洮西謁文正。文正曰：「名教中自有樂地何事於兵」授以中庸乃幡然志於道故橫渠之學，實文正啓之也。）韓忠獻、（韓琦字稚圭安陽人）歐陽文忠（歐陽修字永叔吉州廬陵人）富文忠（富弼字彥國河南人）司馬文正。（司馬光字君實陝州夏縣人）而司馬氏最著傳其學者，劉忠定。（劉安世字器之大名人忠定學最篤實嘗問涑水：「有一言而可終身行之者乎？」曰「其誠乎」問其目曰「自不妄語始。」學之七年而後成）范正獻、（范祖禹字淳夫，一字夢得華陽人文正子康字公休又從正獻學。）晁景迂也。（晁說之字以道澶州人傳涑水之數學）其窮而在下或雖仕宦而不以勳業著者則有齊魯之士劉（士建中字希道鄆州人與泰山同時泰山最推重之徂徠亦服膺焉劉顏字子望彭城人）閩中之四先生（陳襄字述古福州人陳烈字季慈學者稱季甫先生鄭穆字閎中周希孟字公闢四先生皆侯官人少後於安定而在周程張邵之前講學海上有四先生之目宋人溯道學淵源不之及全謝山修宋元學案爲立古靈四先生學案）明州之揚杜（楊適字安道慈谿人杜淳居慈谿）永嘉之儒志、經行，（王開祖，字景山學者稱儒志先生丁昌期學者稱經行先生皆永嘉人）杭之吳師仁（字坦求，錢塘人）皆與湖學桴鼓相應。而閩中之章、黃（章望之字表民浦城人黃晞字景微建安人）亦古靈一輩人關中之申侯（侯可字無可其先太原人徙華陰主華學二十年爲學極重禮樂申顏侯氏之友）開橫渠之先路蜀之字文止

二六

止，（字文之邵，字公南縣竹人。）則范正獻之前茅也。

宋學之確然自成爲一種學問實由周程張邵（邵雍，字堯夫，范陽人曾祖家衡漳；先生幼從父遷河南。元祐賜諡康節。）康節之學偏於數理學家不認爲正宗，小程謂其「苦心極力之象多寬裕溫和之氣少」後人尊之亦遂不如濂溪之甚（張載，字子厚鳳翔郿縣橫渠鎮人。）濂溪作太極圖說及通書實爲宋儒言哲學之首出者（周敦頤，字茂叔道州營道人知南康軍家廬山蓮花峯下有溪合於溢江取營道故居濂溪名之）二程少嘗受業於濂溪長而所學實由自得然周子以主靜立八極明道易之以主敬伊川又益之以致知其學實一脈相承；朱子又謂二程之學出自濂溪後人遂尊爲理學之正宗焉（程顥字伯淳洛陽人學者稱明道先生。弟頤字正叔初稱廣平先生後居伊陽更稱伊川先生）

與五子同時者有范蜀公（范鎮字景仁華陽人祖禹其從孫也蜀公猶子百祿及從曾孫沖亦皆理學家。）呂申公（呂公著字晦叔東萊人諡正獻）韓持國（韓維諡持國潁昌人）又有呂汲公（呂大防，字微仲其先汲郡人祖葬藍田因家焉諡正愍）王彥霖（王巖炎字彥霖大名清平人）又有豐相之（豐稷字相之鄞縣人）李君行；（李潛字君行虔州興國人）雖不足與於道統亦五子之後先疏附也。

術數之學在中國本不盛故傳邵子之學者頗少。伯溫（伯溫字子文南渡後趙鼎從之學鼎字元鎮，聞

喜人。雖號傳家學實淺薄不足觀也。張子爲豪傑之士，其學又尙實行，故門下多慷慨善言兵。（种師道字

儀叔洛陽人爲北宋名將范育字巽之邠州三水人游師雄字景叔武功人皆與於平洮河之役爭元祐棄熙

河李復字履中長安人喜言兵張舜民字芸叟邠州人亦慷慨喜言事）而三呂（呂大忠字晉伯大防兄，

字和叔大臨字與叔皆大防弟）尤爲禮學大宗（三呂並游張程之門，然於張較厚和叔知則行之，無所疑

畏論者方之季路嘗撰鄉約又好講井田兵制撰成圖籍皆可施行。喪祭一本古禮推之冠昏飲酒相見慶弔，

皆不混習俗橫渠謂「秦俗之變和叔有力焉」小程子嘗謂與叔守橫渠說甚固橫渠無說處皆相從有說

處便不肯回可見三呂皆篤於張氏矣。二程之門，最著稱者爲游（游酢字定夫建州建陽人學者稱廌山

先生）楊、（楊時字中立南劍將樂人。）尹、（尹焞字彥明一字德充洛陽人學者稱和靖先生）謝（謝良佐

字顯道壽春上蔡人。）游氏書不傳弟子亦不著謝氏之門，最著者爲朱漢上（朱震字子發荊門軍人）然

漢上易學實由自得不出師門也尹氏最後起守師說亦最醇（謝氏以覺言仁實啓象山之學游楊二家晚

亦好佛）其傳亦不廣惟龜山最老壽逾爲洛學大宗。

龜山之學傳之羅豫章。（羅從彥字仲素南劍人學者稱豫章先生）延平、（李侗字愿中南劍人。）韋

齋，（朱松字喬年婺源人朱子之父爲尤溪縣尉因家焉爲學者稱韋齋先生）皆師豫章而胡文定（胡安國

字康侯崇安人。與游、楊、謝三先生義兼師友。其子五峯、(宏字仁仲其兄寧字和仲，學者稱茅堂先生茅堂治春秋文定作春秋傳修纂檢討皆出其手。)致堂(寅字明仲實文定兄子其母不欲舉文定夫人子之皆學於豫章籍溪、(憲，字原仲文定從父兄子居籍溪學者稱籍溪先生。)邦衡，(胡銓字邦衡廬陵人從鄉先生蕭子荆學春秋卒業於文定)則學於文定。朱子初師屏山(劉子翬字彥沖崇安人輪子羽弟也)而卒業於延平。(朱熹字元晦一籍溪、白水，(劉勉之字致中崇安人以女妻朱子○白水師元城及龜山)號滄洲號滄洲病叟趙汝愚竄永州將諫門人諫。字仲晦初居崇安五夫築書院於武夷之五曲榜曰紫陽識鄉關也後築室建陽蘆峯之巔曰雲谷其草堂曰晦庵自號雲谷老人亦曰晦庵曰晦翁。更居考亭築精舍曰滄洲筮之遯遯之同人乃取稿焚之自號曰遯翁)南軒(張栻字敬夫一字樂齋號南軒廣漢人遷於衡陽浚子)之學出於五峯呂成公亦嘗師籍溪又事汪玉山。(呂祖謙字伯恭公著後也祖好問始居婺州北宋理學呂氏最盛韓氏次之詳見宋元學案○汪應辰字聖錫信州玉山人)玉山者橫浦(張九成字子韶錢塘人自號橫浦居士又號無垢居士)弟子橫浦亦龜山弟子，故南渡後三先生之學實皆出於龜山者也。

乾淳三先生呂張皆早世惟朱子年最高講學亦最久故其流傳最遠南軒之學盛於湖湘流衍於蜀閩數傳而漸微呂氏同氣子約(成公弟名祖儉學於成公謚忠。)泰然(成公從弟名祖泰居宜興趙汝愚之

罷，子約論救安置韶州後移筠州，卒泰然。詣聞鼓院上書請誅侂冑，配欽州卒。皆以忠節著。浙學好言文

獻皆可謂呂氏之遺風。然如永嘉永康偏於功利，殊失呂氏之旨（永嘉之學始於薛季宣。季宣字士龍，永嘉

人。師事袁道潔。溉道潔師事二程。季宣加以典章制度欲見之事功。陳傅良葉適繼之而其學始大。王伯厚（王應麟字伯

舉。瑞安人。適字正則，永嘉人。永康之眉目爲陳亮字同甫，永康人，學者稱瑞安先生）

厚，慶元鄞縣人，學者稱厚齋先生）長於經制。全謝山以爲呂學大宗，實則其學問宗旨亦與朱氏爲近也。

朱門之著者有蔡西山父子（蔡元定字季通，建之建陽人，居西山。子沈字仲默）其律曆象數之學足

補師門之闕。勉齋（黃榦字直卿，閩縣人）以愛壻爲上座，實能總持朱子之學。勉齋歿而後異說與猶孔門

七十子喪而大義乖矣。勉齋之學一傳而爲金華（何基字子恭，金華人，居金華山，學者稱金華先生）再傳

而爲魯齋、（王柏字會之，金華人）白雲（許謙字益之，金華人，學者稱白雲先生）仁山（金履祥字吉父，

蘭溪人，居仁山下，學者稱仁山先生）雙峯（饒魯字伯輿，一字仲元，餘干人，築石洞書院，前有兩峯因號雙

峯）皆卓有聲光。輔漢卿（輔廣字漢卿，號潛庵，崇德人）學於朱子，兼受學於成公。其傳爲魏鶴山；（魏了

翁字華父，卭州蒲江人，築室白鶴山下，學者稱鶴山先生）詹元善（詹體仁字元善，浦城人）亦學於朱子，

其傳爲眞西山；（眞德秀字景元，後更曰希元，建之浦城人）皆宋末名儒。詹氏再傳輔氏四傳而得黃東發，

（黃震，字東發慈溪人。學者稱於越先生東發學於余端臣及王樗樗學於詹元善端臣學於韓）**性**，字明善，

私諡曰莊節先生。性之學出自其父翼甫翼甫字灼齋會稽人輔漢卿之弟子也）則體大思精又非其師所

能逮矣此朱學之在南者也其衍於北者始於趙江漢。（趙復字仁甫德安人學者稱江漢先生元屠德安姚

樞在軍前以歸教授於燕北方始知有程朱之學）姚樞、（字公茂柳城人後徙洛陽〇樞從子燧字端甫學

於許衡（字仲平河內人學者稱魯齋先生）郝經、（字伯常澤州陵川人）劉因，（字夢吉雄州容城

人。學者稱靜修先生）皆出其門朱學自宋理宗時得朝廷表章；元延祐科舉又用其法遂如日中天矣。

洛學明道、伊川，性質本有區別學於其門者亦因性之所近所得各有不同故龜山之後爲朱，而上蔡信

伯，遂啓象山之緒。（朱子謂上蔡「說仁說覺分明是禪」又謂「今人說道愛從高妙處說自上蔡已如此。

又云「上蔡之說一轉而爲張子韶子韶一轉而爲陸子靜」案上蔡近乎剛龜山近乎柔朱子謂「上蔡之言，

多踔厲風發龜山之言多優柔平緩」是也王蘋字信伯世居福之福清父徙吳師伊川龜山最稱許之全謝

山曰「象山之學本無所承東發以爲遙出上蔡予以爲兼出信伯」案信伯嘗奏高宗「堯舜禹湯文武之

道若合符節非傳聖人之道傳其心也非傳聖人之心傳己之心也己之心無異聖人之心萬善皆備欲傳堯、

舜以來之道擴充此心焉耳」可見其學之一斑）　金溪之學梭山啓之，復齋昌之，象山成之，與朱學雙峯並

峙。（象山兄弟六人長九思字子彊次九敍字子儀次九皋字子昭號庸齋次九韶字子美講學梭山號梭山居士次九齡字子壽學者稱復齋先生次九淵字子靜號存齋結廬象山學者稱象山先生）傳陸學者爲明州四先生。（舒璘字元質一字元賓奉化人沈煥字叔晦定海人袁燮字和叔鄞縣人楊簡字敬仲慈谿人築室德潤湖上更其名曰慈湖）袁楊仕宦高其名較顯袁言有矩矱楊則頗入於禪攻象山者每以爲口實焉。

朱子門下闢陸氏最力者爲陳安卿（陳淳字安卿龍溪人）至草廬而和會朱陸（吳澄字幼清學者稱草廬先生撫州崇仁人○繼草廬而和會朱陸者又有鄭師山名玉字子美徽州歙縣人嘗搆師山書院以處學者，故稱師山先生論者謂師山多右朱草廬多右陸）陸氏門下至安仁三湯而息菴存齋皆入於朱惟晦靜仍守陸學（湯干字升伯學者稱息菴先生安仁人。弟巾字仲能學者稱晦靜先生中字季庸學者稱存齋先生）傳之從子東澗（湯漢字伯紀）及徑阪（徐霖字景說衢之西安人謝疊山其門人也疊山名枋得字君直弋陽人）徑阪之後陸學寖衰靜明、（陳苑字立大江西上饒人學者稱靜明先生）寶峯（趙偕字子永宋宗室與籩後慈谿人隱大寶山麓學者稱寶峯先生）得其遺書而再振之元代科舉用朱朱學幾於一統。至明王陽明出乃表章陸氏焉。

元代理學不過衍紫陽之緒餘，明人則多能自樹立者，而陽明其尤也。明初學者篤守宋儒矩矱。方正學、

（方孝孺，字希直台之寧海人。自名其讀書之堂曰正學正學大節凜然。論者謂其「持守之嚴，剛大之氣與紫陽相伯仲」焉）曹月川、（曹端字正夫號月川河南澠池人劉蕺山云：方正學後斯道之絕而復續實賴曹月川即薛敬軒亦聞其風而與起者）吳康齋、（吳與弼字子傅號康齋撫州崇仁人刻苦奮厲辭官躬耕或譏其所學未見精微然其克己安貧操持不懈凜乎其不可犯，要不易及也）薛敬軒，（薛瑄字德溫號敬軒山西河津人其學兢兢於言行間檢點悃愊無華可謂恪守宋人矩矱然有未見性之譏）皆其卓卓者河東之學傳諸涇野、（呂柟字仲木號涇野陝之高陽人。涇野講學所至甚廣講席幾與陽明中分一時篤行之士多出其門）三原，（王恕字宗貫號介菴晚又號石渠陝之三原人。）仍重禮樂篤躬行存關學之面目與師門少異其趣康齋之學傳諸白沙主張「靜中養出端倪」則於師門大變手眼矣。（陳獻章字公甫號石齋新會白沙里人謚文恭〇康齋弟子又有胡居仁字叔心饒州餘干人學者稱敬齋先生婁諒字元貞號一齋廣信上饒人一齋以收放心為居敬之門以何思何慮勿忘勿助為居敬要指敬齋關之謂其陷入異教）論者謂「有明之學至白沙而後精至陽明而後大」白沙實陽明之前驅也。

有明之學自當以陽明（王守仁字伯安餘姚人）為大宗理學名家非衍陽明之緒餘，即與陽明相出入者也陽明之學蓋承朱學之敝而起其學實近法象山遠承明道特較象山明道尤精且大耳傳陽明之學

者，當分浙中、江右、泰州三大派浙中之學，以龍溪、緒山為眉目。（浙中王門，實以徐曰仁名愛，號橫山餘姚人。陽明之內兄弟也受業最早及門有未信者曰仁輒為之騎郵門人益親陽明稱為吾之顏淵早卒龍溪緒山講學最久遂為王門之翹楚龍溪王氏名畿字汝中山陰人緒山錢氏名德洪字洪甫餘姚人）江右則東廓（鄒守益字謙之，江西安福人。）念菴、（羅洪先字達夫江西吉水人。）兩峯（劉文敏字宜充，安福人。）雙江、（聶敬字文蔚江西永豐人。）及再傳塘南、（王時槐字子植安福人。師兩峯）思默，（萬廷言字以忠江西南昌人師念菴）皆有發明。泰州多豪桀之士其流弊亦最甚末年得劉蕺山（劉宗周，字起東號念臺山陰人。）提唱慎獨又王學之一轉手也與王學同時角立者有止修甘泉二家（李材字孟誠號見羅江西豐城人以止修二字為學鵠湛若水字元照號甘泉廣東增城人白沙）其繼起而矯正其末流之弊者則東林中之高、顧也。（高攀龍字存之，別號景逸顧憲成字叔時別號涇陽皆常州無錫人涇陽契陽明，而深闢無善無惡之論。）

明末大儒梨洲、（黃宗羲字大沖餘姚人。）夏峯、（孫奇逢字啓泰號鍾元，北直容城人。）二曲（李中孚，盩厔人家在二曲間學者稱二曲先生）皆承王學而亭林（顧炎武，初名絳字寧人崑山人。）船山、（王夫之字而農號薑齋衡陽人。）蒿菴、（張爾岐字稷若濟陽人。）楊園（張履祥字考夫號念芝居桐鄉之楊

園，學者稱楊園先生。楊園嘗師蕺山然學宗程朱，檉亭，（陸世儀字道威太倉人。）則皆宗朱，其後清獻起

於南（陸隴其字稼書平湖人關陸王最力）清恪起於北（張伯行字孝先號敬菴儀封人）而學風乃漸

變湯文正（湯斌字孔伯號荊峴晚號潛菴睢州人）嘗師夏峰後亦折入程朱但不關陸王耳清代名臣負

理學重名者頗多皆宗朱然實多曲學阿世之流心學承晚明之猖狂彌以不振蓋至是而宋明之哲學垂垂

盡矣。

篇四　濂溪之學

一種新哲學之創建必有一種新宇宙觀、新人生觀，前已言之。宋代哲學實至慶曆之世，而始入精微。其

時創立一種新宇宙觀及人生觀者則有若張子之正蒙，司馬氏之潛虛邵康節之觀物。司馬氏之書不過揚

子太玄之倫邵子之說頗有發前人所未發者然術數之學我國本不甚行，故其傳亦不盛張子之說醇矣然

不如周子之渾融故二程於周子服膺較深。朱子集北宋諸家之成亦最宗周程焉。而周子遂稱宋學之開山

矣。

周子之哲學具於太極圖說及通書。太極圖說或議其出於道家不如通書之純此自昔人存一儒釋道

之界限，有以致之。其實哲學雖有末流之異語其根本則古今中外殊無不同；更無論儒道之同出中國者矣。

通書與太極圖說相貫通通書者周子之人生觀太極圖說則其宇宙觀也人生觀由宇宙觀而立廢太極圖說通書亦無根柢矣朱子辨太極圖說必為濂溪所作而非受諸人，（潘興嗣作周子墓志以圖為周子自作，陸象山以為不足據）其說誠不可信然謂「傳者誤以此圖為通書之卒章，而讀通書者遂不知有所總攝」則篤論也。

太極圖之出於道家殆不可諱然周子用之，自別一意，非道家之意也。（見下）所謂太極圖者如左：

無極而太極

陰靜　陽動

火　水
土
木　金

乾道成男　坤道成女

萬物化生

上一圈為太極。能追原其始故曰「無極而太極」次圈之黑白相間者為陰靜陽動。（黑為陰靜白為陽動）陰居右陽居左陽變為陰，陰變為陽，故左白右黑之外間以左黑右白一圈，其外則復為左白右黑焉。（次圖之中一白圈即太極。）其下為水火木金土五小圈。水金居左，火木居右者水金陽而火木陰也土居中沖氣也水火木金土上

屬於第二圈，明五行生於陰陽也。下屬於第四圈，明人物生於五行也。水，火，木，金土各為一小圈，所謂「五行

各一其性」也。其序自水之木，自木之火，自火之土之金沿洪範五行首水及古人以五行配四時之說

所謂「五氣順布而四時行」也。下一圈為「乾道成男坤道成女」明萬物所由生也又下一圈曰「萬物

化生」人亦萬物之一實不可分作兩圈周子蓋沿道家舊圖未之改也。（周子之意或以「乾道成男，坤道

成女」為紬象之言不指人）

周子之說此圖也曰：「無極而太極。太極動而生陽動極而靜，靜極復動。一動一靜，互為其根。

分陰分陽，兩儀立焉陽變陰合，而生水火木金土五氣順布，四時行焉五行一陰陽也陰陽一太極也，太極本

無極也五行之生也各一其性無極之眞二五之精妙合而凝乾道成男坤道成女二氣交感化生萬物萬物

生生而變化無窮焉」案此周子根據古說以說明宇宙者也已見前二說在後來久合

為一而推原其始則似係兩說以一為二元論也其所以卒合為一者則以哲學所求實為惟一，

多元二元之說必進於一元而後安五行之說分物質為五類乃就認識所及言之其後研究漸精知人所能

認識之物質與其不能認識而指為虛空者實無二致。其所以或能認識或不能認識者則以物質有聚散疏

密之不同自人觀之途有隱顯微著之各異耳至此則認識所及之水、火木金土與認識所不及之至微之氣，

可以并爲一談。而五行之多元論，進爲一元矣陰陽之說，蓋因「男女構精，萬物化生」悟入其始蓋以陰陽

爲二體研究漸精乃知所謂陰陽者特人所見現象之異其本體，初不能謂爲不同。於是陰陽二者可謂同體

而異用。乃爲之假立一名曰太極而陰陽二元之論亦進爲一元矣二說既同進爲一元，自可合并爲一說。乃

以太極爲世界之本體世界之現象爲人所認識者實爲變動。則以陰陽之變化說之，而二者仍爲同體而異

用；此所以說世界流轉之原理若以物質言則一切物之原質皆爲氣，水火木金土皆此氣之所爲萬物之錯

綜，則又五行之所淆而播也氣之所以分爲五行五行之所以淆而爲萬物則以不可知之太極無始以來，卽

有此一靜一動之變化也此乃自古相傳之說周子亦不過融會舊文出以簡括之辭耳非有所特創也。

中國無純粹之哲學凡講哲學者其意皆欲措之人事者也周子亦然。故於說明宇宙之後卽繼之以人

事。曰：「惟人也得其秀而最靈」此言人之所以爲人也。曰「形既生矣神發知矣五性感動而善惡分萬事

出矣。聖人定之以仁義、中、正、而主靜立人極焉。」此爲周子之人生觀。凡一元論之哲學必將精神物質并爲

一談。（一物而兩面）此等思想，中國古代亦已有之。其分人性爲仁、義、禮、智、信五端以配木金火水土五行

是也。周子亦沿其說思想淺薄之時恆以爲善惡二者其質本異迨其稍進乃知所謂善惡者其質實無不同，

特其所施有當有不當耳至此則二元論進爲一元矣周子之說亦如是。周子既沿舊說以五性配五行又據

括之爲仁義兩端以配陰陽。仁義二者，皆不可謂惡也。更進一步言之陰陽同體而異用，仁義亦一物而二名。

（視其所施而名之）慈陰伏陽特其用之有當有不當而其本體（太極）初無所謂惡則人之行爲所以

或失之剛，或失之柔者，亦不過其用之或有不當而其本體初無所謂惡此世界之本體所以至善亦人性之

所以本善也然則所謂善惡者卽行爲當不當之謂而已。（不論其所施而但論其行爲則無所謂善惡）世

界之現象自認識言之，無所謂靜也祇見其動耳然自理論言之，固可假設一與動相對之境名之曰靜本體

旣無所謂惡所謂惡者旣皆出於用則固可謂靜爲善動爲惡然則人而求善亦惟求靜境而處之而已矣。

（恢復本體）然認識所及，惟是變動；所謂靜境，不可得也乃進一步而爲之說曰：世界本體不可見可見者

惟現象本體卽在現象之中然則靜境亦不可得靜卽在乎動之中人之所求亦曰動而不失其靜而已矣。

（雖墮落現象界而仍不離乎本體）動而不失其靜者用而不離乎體之謂也用而不離乎體者不失其天

然之則之謂也以幾何學譬之；所謂眞是惟有一點此一點卽人所當守之天則卽至當之動而周子之所謂

中正也然此一點非有體可得仍在紛紜蕃變之中蓋人之所爲非以爲人卽以爲我我卽爲人仁也爲我義也欲

求於仁義之外別有一旣不爲人又不爲我之行爲卒不可得然則欲求中正惟有卽仁義之施無不當者求

之。而欲求仁義亦必毋忘中正而後可否則不當仁而仁，卽爲不仁；不當義而義，卽爲不義矣。故仁義同實而

異名猶之陰陽同體而異用。陰陽之體，所謂太極者，惟有假名更無實體。仁義之體，所謂中正者亦然也。然則

所謂善者卽仁義之施無不當者也。施無不當則雖動而不離其宗雖動而不離其宗則動如未動，

固可以謂之靜此則|周子之所謂靜也此爲道德之極致故命之曰「人極」能循此則全與天然之則合所

謂「聖人與天地合其德，與日月合其明與四時合其序與鬼神合其吉凶」也。能循此者必獲自然之福；而

不然者則必遇自然之禍所謂「君子修之吉，小人悖之凶」也此以行爲言也。若以知識言則現象之紛紜

蕃變不外乎陰陽五行又不離乎太極。能明此理則於一切現象無不通貫矣所謂「原始要終故

知死生之說」也|周子蓋由易悟入亦自以爲祖述易說故於篇末贊之曰「大哉易也斯其至矣」也。

「太極圖說」雖寥寥數百言然此世界之由來及人所以自處之道無不備其說可謂簡而該宜|朱子以爲

「根極領要天理之微人倫之著事物之衆鬼神之幽然莫不洞然畢貫於一」也。

太極圖說推本天道以言人事通書則專言人事然其理仍相通故|朱子以爲廢太極圖說，則通書無所

總攝也。太極圖說所言自然界之理通書名之曰「誠」誠者真實無妄之謂。自然界之事未有不真實者也。

故曰：「大哉乾元萬物資始誠之原也乾道變化各正性命誠斯立焉。」自然界之現象見其如此，卽係如此，

更無不如此者之可言是爲誠。自然界之現象人所認識者爲變動不居從古以來未嘗見其不動則動卽自

然界之本相也然則誠與「動」一物也故曰：「至誠則動動則變變則化。」聖人當與天地合其德通書以

誠稱自然界故亦以誠為聖人之德曰「聖誠而已矣。」人之所知止於現象然自理論言之固可假說一實

體界以與動相對惡既皆屬現象固可謂由動而生則動最當慎此由靜至動之境（卽自實體界入現象界）。

周子名之曰「幾」所謂「動而未形有無之閒」也本體無善惡可言動則有善惡矣故曰：「誠無為幾善

惡。」又曰：「吉凶悔吝生乎動吉一而已可不慎乎」也。

動之循乎當然之道者為善不循乎當然之道者為惡。循乎當然之道者動而不失其則者也所謂誠也。

不循乎當然之道者動而背乎真實之理者也所謂「妄」也（如人四體之動順乎生理者為誠逆乎生理

者為妄）人之動作貴合乎天然之理故當袪其妄而復其誠故曰「誠復其本善之動而已矣不善之動妄

也妄復則無妄無妄則誠矣」

本善之動為道道之名自人所當循之路言之也自其畜於身見於事為者言之則曰德德也道也二名

一實特所從言之者異耳德之目周子亦如古說分為仁義、禮智、信而又以仁義二端總括之禮者所以行之

而備其條理。智者所以知之信者所以守之。而所行所知所守則仍不外乎仁義故曰「聖人之道仁義中正

而已矣。」其說全與太極圖說合。

人性之有仁義猶天道之有陰陽，地道之有剛柔，其本體皆不可謂之惡也。故世界本無所謂善協乎兩者之中而已矣。亦無所謂惡偏乎兩者中之一而已矣。故曰：「性者剛、柔、善、惡、中而已矣。（見諸事乃可云仁義此但就性言，故曰剛柔）剛善為義為直為斷為嚴毅為幹固惡為猛為隘為彊梁柔善為慈為順為巽惡為懦弱為無斷為邪佞」義也直也斷也嚴毅也幹固也非實有其體也剛之發焉而不得其當者也。柔之善惡視此然則天下信無所謂善惡惟有中不中彊梁也亦非實有其體也剛之發焉而不得其當者也猛也隘也而已。故曰：「惟中也者和也中節也天下之達道也聖人之事也。故聖人立教俾人自易其惡自至其中而止矣。」

然則人何以自易其惡而止於中哉逐事檢點固已不勝其勞抑且未知何者謂之中，自亦無從知何者謂之偏。苟能知何者謂之中，則但謹守此中焉足矣夫人之本體本能止於中者也所以失其中者以其有不當之動也不當之動始萌於欲，而終著於事為者也人能無欲則自無不當之動矣無欲所謂靜也亦所謂一也無欲則動無不當矣動無不當則不離乎當然之境而謂之靜，非謂寂然不動若槁木死灰也也。（通書曰：「動而無靜靜而無動物也。動而無動靜而無靜神也。動而無動靜而無靜非不動不靜也。」此之謂也）故曰「聖而無靜靜而無動，物也。動而無動，靜而無靜，神也。可學乎曰可。有要乎曰有。請問焉曰：一為要。一者，無欲之謂也。無欲則靜虛動直靜虛則明明則通動直則公

公則溥。明通公溥庶矣乎」夫人之所求，動直而已；而動直之本，在於靜虛；此太極圖說，所以謂「聖人以主

靜立人極」也。故「主靜」實周子之學脈也。

中者當然之則而已矣當然之則，非人人所能知之也。必先求知之，然後能守之。求而知之者，智識問題。

既知之又求行之則行為問題也。周子為理學開山但發明其理。於修為之方尚未及詳故注重於思通書曰：

「無思而無不通為聖人不思則不能通微不容則不能無不通。是則無不通生於通微通微生於思是故思

者聖功之本而吉凶之幾」是也。程朱格物窮理之說蓋本諸此。

以上所言皆淑身之術也。然一種新哲學之人生觀，固不當止於淑身，而必兼能淑世。故曰：「志伊尹之

所志，學顏子之所學」。噫！周子之言，內外本末亦可以謂之兼備矣哉！

周子之說雖自成為一種哲學然其源之出於道家則似無可諱。黃晦木太極圖辯曰：「周子太極圖，創

自河上公乃方士修煉之術也河上公本圖名無極圖魏伯陽得之以著參同契鍾離權得之以授呂洞賓洞

賓後與陳圖南同隱華山而以授陳陳刻之華山石壁陳又得先天圖於麻衣道者。（宋時有所謂正易心法

者託之麻衣道者謂為希夷之學所自出實則南宋時戴師愈之所偽也。見朱子書麻衣心易後再跋麻衣易

說後）皆以授种放放以授穆脩與僧壽涯修以先天圖授李挺之挺之以授邵天叟天叟以授子堯夫修以

無極圖授周子。周子又得先天地之偈於壽涯。（晁公武謂周子師事鶴林寺僧壽涯得其「有物先天地，無形本寂寥能爲萬象主不逐四時彫」之偈（劉靜修記太極圖說後曰：「或謂周子與胡宿、邵古同事潤州一浮屠而傳其易書」所謂潤州浮屠，即壽涯也。）其圖自下而上，以明逆則成丹之法。其重在水火。性炎上，逆之使下則火不燥烈惟溫養而和煖水性潤下，逆之使上則水不卑溼惟滋養而光澤滋養之至接續而不已。溫養之至堅固而不敗其最下圈名爲玄牝之門玄牝即谷神牝者竅也指人身命門兩腎空隙之處氣之所由生是爲祖氣凡人五官百骸之運用知覺皆根於此於是提其祖氣上升爲稍上一圈名爲鍊精化氣鍊氣化神鍊有形之精化爲微芒之氣鍊依希呼吸之氣化爲出有入無之神使貫徹於五藏六府而爲中層之左木火右金水中土相聯絡之一圈名爲五氣朝元行之而得也則水火交媾而爲孕又其上中分黑白而相間雜之一圈名爲取坎塡離，乃成聖胎又使復還於無始而爲最上之一圈，名爲鍊神還虛復歸無極。而功用至矣，周子得此圖，而顛倒其序，更易其名附於大易，以爲儒者之祕傳蓋方士之訣在逆而成丹故從下而上周子之意，以順而生人，故從上而下。太虛無有必本無乃更最上圈鍊神還虛復歸無極之名曰無極而太虛太虛之中脈絡分辨指之爲理乃更其次圈取坎塡離之名曰陽動陰靜氣生於理名爲氣質之性乃更第三圈五氣朝元之名曰五行各一性理氣既具而形質呈得其全者靈者爲人人有男女乃更第四

圈鍊精化氣鍊氣化神之名曰乾道成男坤道成女得其偏者蠢者為萬物乃更最下圈玄牝之名曰萬物化生」案參同契有水火匡廓及三五至精兩圖即周子太極圖之第二第三圈也。胡朏明易圖明辨曰:「唐眞

水火匡廓圖又名水火二用

圖坎離二卦運為一軸中一

○為坎離之胎。

三五至精圖。

土火木水金合而歸於一元。

一元,謂下一○也。

玄妙經品有太極先天圖,合三輪五行為一而以三輪中一○五行下一○為太極又加以陰靜陽動男女萬物之象凡四○。陰靜在三輪之上陽動在三輪之下。(三輪左離右坎水火既濟之象二○上陰下陽天地交泰之象。鼎器歌云:「陰在上陽下奔即此義也」)男女萬物皆在五行之下與宋紹興甲寅朱震在經筵所進周子太極圖正同。今性理大全所載以三輪之左為陽動右為陰靜,而虛其上下二○以為太極乃後人所改,非其舊也。」其說與晦木又有異同蓋在道家此圖亦非一本也然太極圖之原出道家則無疑矣然此不過借用其圖其用意則固大異也。

朱陸無極太極之辯，亦爲理學家一重公案案此說似陸子誤也。通書與太極圖說實相貫通已如前說。

而梭山謂「太極圖說與通書不類疑非周子所爲否則其學未成時作又或傳他人之文後人不辨」似於

周子之學知之未審象山謂無極二字出老子知其雄章以引用二氏之言爲罪案此實宋儒習氣理之不同

者雖措語相同而不害其爲異理之不易者凡古今中外皆不能不從同安得撫拾字面以爲非難乎（象山

又謂「二程言論文字至多亦未嘗一及無極字」案即就字面論儒家用無極二字者，亦不但周子。黃百家

曰「柳子厚曰無極之極，邵康節曰無極之前陰含陽也。有極之後陽分陰也。是周子之前，已有無極之說。」

者謂「繫辭言神無方矣豈可言無神言易無體矣豈可言無易」則繫辭乃就宇宙自然之力，無乎不在言

之。周子之言則謂世界本體，無從追原其所自始其所言者固異物也無極而太極猶佛家言「無始以來，

言「法爾而有」耳必責作繫辭傳者推原神與易所自始彼亦祇得云無從說起矣安得拘泥字面而疑周

子所謂無極者乃謂有生於無落「斷空」之見哉朱子曰：「無極而太極猶曰莫之爲而爲莫之致

而至。乃語勢當然非謂別有一物也」又曰：「無極二字乃周子令後之學者曉然見太極之妙不屬有無不

落方體。」可謂能得周子之意矣。故無極而太極之辯實陸子誤會文義以辭害意也又陸子謂「一陰一陽，

即是形而上者」朱子則謂「一陰一陽屬於形器。所以一陰一陽者乃道理之所爲」亦爲兩家一爭端案

此說兩家所見本同，而立言未明，遂生辯難蓋陸子之意：以爲人之所知，止於現象。現象之外不得謂更有本

體其物爲之統馭朱子之意謂現象之然雖不必有使之然者然自理論言之有其然，卽可謂有其所以然。固

不妨假立一名名之曰道，而以現象爲形器陸子疑朱子謂本體實有其物立於現象之外遂生辯難若知朱

子所謂道者乃係就人之觀念虛立一名而非謂實有其物，則辯難可以無庸矣。陸子曰：「直以陰陽爲形器，

而不得爲道尤不敢聞命易之爲道一陰一陽而已。先後始動靜晦明，上下，進退往來闔闢盈虛消長尊卑

貴賤表裏隱顯向背順逆存亡得喪出入行藏何適而非一陰一陽哉奇耦相尋變化無窮故曰其爲道也屢

遷。」朱子曰：「若以陰陽爲形而上者，則形而下者復是何物？熹則曰：凡有形有象者皆器也其所以爲是器

之理則道也如是則來書所謂始終晦明奇耦之屬皆陰陽所爲之形器獨其所以爲是器之理乃爲道耳。」

此則謂現象之所以然雖不可知然自理論言之，不得不分爲兩層名其然曰器名其所以然曰道也此特立

言之異其意固不甚懸殊也。（朱陸辯論之辭甚多除此節所舉兩端外皆無甚關係故今不之及○朱子論

道與形器之說須與其論理氣之說參看○又案太極兩儀等皆抽象之名由人之觀念而立後人或誤謂實

有其物遂生轇轕許白雲曰：「太極陰陽，五行之生非如母之生子而母子各具其形也太極生陰陽，而太極

卽具陰陽之中。陰陽生五行，而太極陰陽又具五行之中安能相離也何不卽五行一陰陽，陰陽一太極之言

觀之乎」其言最爲明析。昔之講哲學者不知有認識論，此太極陰陽理氣等說所以轇轕不清也）

篇五　康節之學

北宋理學家，周、程、張、邵，同時並生。其中惟邵子之學，偏於言數。我國所謂數術者，爲古代一種物質之學，前已言之。邵子之恉亦不外此。其觀物篇謂「天使我如是謂之命之在我謂之性性之在物謂之理。」又謂「數起於質」「天下之數出於理」是也。（人性卽精神現象物理卽物質現象，邵子以爲二者是一。「數起於質」者如謂筋肉發達至何種程度卽能舉何種重量筋力衰弛則舉重之力亦減是也何以筋肉發達卽能舉重衰弛卽不能。此則所謂「數出於理」之理此理不可知所謂「天之象數可得而推其神用不可得而測」也。

邵子之學亦以易爲根據。其所謂易者亦出於陳摶。（朱震經筵表謂陳摶以先天圖傳种放放傳穆脩脩傳李之才之才傳邵雍。）蓋亦道家之學也。其先天次序卦位圖如左：

八卦次序圖，最下一層爲太極。其上爲兩儀。又其上爲四象。又其上爲八卦。其序則乾一、兌二、離三、震四、巽五、坎六、艮七、坤八是也。以圖之白處代易之一畫；黑處代易之一畫是爲一分爲二二分爲四四分爲八如

是推之，八分爲十六，十六分爲三十二，三十二分爲六十四，即成伏羲先天六十四卦橫圖以六十四卦規而圓之則成圓圖割而疊之則成方圖。圓圖以象天方圖以象地也。

八卦方位見易「帝出乎震」一節與大乙行九宮之說合，見第二篇據其說則離南、坎北、震東、兌西、乾西北、坤西南、艮東北、巽東南。邵子以爲後天卦位爲文王所改而云：此圖爲先天方位爲伏羲所定其根據爲易「天地定位」一節爲之說者謂此先天方位爲「天位乎上地位乎下日生於東月生於西山鎮西北澤注東南風起西南雷動東北自然與天地造化合」也。

邵子之學亦以陰陽二端解釋世界而名陰陽之原爲太極其經世衍易圖所謂「一動一靜之間」者也觀物內篇云「一動一

太陽一	太陰一	少陽一	少陰一	少剛一	少柔一	太剛一	太柔一
陽一		陰一		剛一		柔一	
動一				靜一			

一動一靜之間

靜者，天地之至妙者歟？一動一靜之間者，天地人之至妙者歟？」即指太極言之也。邵子謂「天生於動，地生於靜」「動之始則陽生焉，動之極則陰生焉；靜之始則柔生焉，靜之極則剛生焉。」陰陽之中，復有陰陽剛柔之中，復分剛柔，故各分為太少。太陽為日太陰為月少陽為星少陰為辰此天之體也。日為暑月為寒星為晝辰為夜此天之變也。水為雨火為風土為露石為雷此地之化也。暑變物之性寒變物之情晝變物之形夜變物之體此動植之感天而變者也。雨化物之走風化物之飛露化物之草雷化物之木此動植之應地之化者也推之一切莫不皆然。其圖如左：

邵子之說，皆由博觀物理而得。試問天何以取日月星辰為四象地何以取水火土石為四體曰：「陽燧取於日而得火火與日一體也。」「方諸取於月而得水水與月一體也。」「星隕而為石石與星一體也。」「日月

太陽	日	暑	性	目	元	皇
太陰	月	寒	情	耳	會	王
少陽	星	晝	形	鼻	運	帝
少陰	辰	夜	體	口	世	霸
少剛	石	雷	木	氣	歲	易
少柔	土	露	草	味	月	書
太剛	火	風	飛	色	日	詩
太柔	水	雨	走	聲	時	春秋

星之外高而蒼蒼者皆辰,水火石之外廣而厚者皆土,辰與土一體也。」何以不用五行,而別取水火土石曰:

「木生於土,金出於石,水火木金土者後天,水火土石者先天。後天由先天出,一以體言,一以用言也。」(邵

伯溫觀物內篇注案此實以五行之說為不安而改之耳。不欲直斥古人以駭俗,乃立先後天之名以調停之。

其八卦之說，亦猶是也，故邵子之說可謂自有所得，非全憑藉古人者。）日爲暑月爲寒辰爲晝辰爲夜，其

理易明，水爲雨火爲風土爲露石爲雷者？邵子曰：「其氣之所化也。」暑變物之性寒變物之情晝變物之形，

夜變物之體者？邵子以動者爲性靜者爲體謂「陽以陰爲體陰以陽爲唱」「陽能知而陰不能知」（人死則

無知者性與體離也。）陽能見而陰不能見」能知能見者爲有故陽性有而陰性無「陽有所之外者皆陰。）無不偏而常居者爲實故

所不偏。」（邵子之意，凡知覺所及皆陽出於知覺之外者皆陰。）無不偏而常居者爲實故

陰體實而陽體虛性公而明，情偏而暗。公而明者屬陽，（陽動故公能見故明陰常居故偏不能見故暗。）故

變於暑偏而暗者屬陰故變於寒形可見故變於晝體屬陰故變於夜也。（以上皆據觀物內外篇。○邵子言

哲理之作，爲觀物內外篇及漁樵問答漁樵問答理甚膚淺或云僞物蓋信）其餘一切皆可以是推之此等

見解以今日觀之，誠不足信然在當日則其觀察可謂普偏於社會現象者矣。中國數術之家所

就雖不足觀然研究物質現象及擧世或莫或措意之日，要不可謂非豪傑之士也。（邵子之學二程頗不以爲

然。晁以道云：「伊川與邵子居同里巷三十餘年世間事無所不問惟未嘗一字及數。一日雷起邵子謂伊川

曰子知雷起處乎？伊川曰某知之堯夫不知也。邵子愕然曰何謂也？曰既知之，安用數推之以其不知故待推

而知。」是邵子之數學伊川頗不然之矣。明道云：「堯夫欲傳數學於某兄弟某兄弟那得工夫要學須是二

十年工夫」雖不如伊川謂不待數推而知，亦以數爲非所急矣。朱子曰：「伊川之學於大體上瑩澈，於小小

節目上猶有疏處。康節能盡得事物之變却於大體有未瑩處」夫使如心學者流謂直證本體卽萬事皆了，

則誠無事於小節目上推。若如程朱之說「人心之靈莫不有知天下之物，莫不有理惟於理有未窮故其知

有不盡」則一物之格未周，卽致知之功有歉卽子所用之法固不容輕議也）

邵子本陰陽剛柔變化之見用數以推測萬物之數其法以陽剛之體數爲十陰柔之體數爲十二。故太

陽、少陽大剛、少剛之數凡四十太陰、少陰太柔、少柔之數凡四十八以四因之，則陽剛之數凡一百六十；陰柔

之數凡一百九十二。於一百六十中減陰柔之體數四十八得一百十二，爲陽剛之用數；於一百九十二中減

陽剛之體數四十得一百五十二爲陰柔之用數以一百五十二因一百十二是爲以陽用數唱陰用數爲日

月星辰之變數；其數凡一萬七千有二十四謂之動數以一百十二因一百五十二是爲以陰用數和陽用數，

是爲水火土石之化數其數亦一萬七千有二十四謂之植數再以動數植數相因（卽以一萬七千二十四

因一萬七千二十四）謂之動植通數是爲萬物之數（求萬物之數不本之實驗而虛立一數以推之亦物

質科學未明時不得已之法也）○易用九六經世用十二皆以四因之。易之數陽用九以四因之得三十六

爲乾一爻之策數陰用六以四因之得二十四爲坤一爻之策數以六因三十六得二百一十六，爲乾一卦策

數。以六因二十四，得一百四十四，爲坤一卦策數相加得三百六十，故曰：「乾坤之策，凡三百六十也。」以三

十二因二百二十六，得六千九百一十二，爲三十二陽卦之策數以三十二因一百四十四，得四千六百有八，

爲三十二陰卦之策數。二者相加得萬有一千五百二十，所謂「二篇之策，萬有一千五百二十」也)

卲子之推萬物如此。至於人則卲子以爲萬物之靈。蔡西山嘗推卲子之意曰：「萬物感於天之變性者

善目，情者善耳形者善鼻體者善口萬物應於地之化飛者善色走者善聲木者善氣草者善味人則得天地

之全暑寒晝夜無不變兩露雷無不化走飛草木無不應目善萬物之色耳善萬物之聲

鼻善萬物之氣口善萬物之味蓋天地萬物皆陰陽剛柔之分人則兼備乎陰陽剛柔故靈於萬物而能與天

地參也」其言最爲簡約明瞭觀物內篇曰：「人之所以靈於萬物者謂其目能收萬物之

聲鼻能收萬物之氣，口能收萬物之味，人亦物也一物當兆物。是知人也者物之至者

也聖也者人之至者也。」又曰：人之至者謂其能以「一心觀萬心一身觀萬身一世觀萬世。」如是則能「上

識天時下盡地理中盡物情通照人事」則能以「心代天意口代天言手代天工身代天事。

之理則措施無不當。（參看第一篇）宇宙之理，卲子之所謂物理也。（此物字所該甚廣能觀者我所觀

者一切皆物）卲子謂人爲萬物之靈以其能通物理謂聖人爲人之至以其能盡通物理而無遺也。

元會運世歲月日時乃邵子藉數以推測宇宙之變化者其見解與揚子太玄等同特其所用之數異耳。

其法以日經天之元月經天之會星經天之運辰經天之世日之數一象一日也月之數十二象十二月也星之數三百六十象一年之日數也辰之數四千三百二十日十二時則三百六十日得四千三百二十時也。

一世三十年凡十二萬九千六百年是為皇極經世一元之數。〈注曰：「一元在大化之間猶一年也」〉更以日月星辰四者經日月星辰四者則其數如左：

以日經日　元之元　　　　一

以日經月　元之會　　　　一二

以日經星　元之運　　　三六〇

以日經辰　元之世　　　四三二〇

以月經日　會之元　　　　一二

以月經月　會之會　　　一四四

以月經星　會之運　　　四三二〇

以月經辰　會之世　　五一八四〇

以星經日　　　運之元　　　　　　三六〇

以星經月　　　運之會　　　　　　四三二〇

以星經星　　　運之運　　　　一二九六〇〇

以星經辰　　　運之世　　　　一五五五二〇〇

以辰經日　　　世之元　　　　　　四三二〇

以辰經月　　　世之會　　　　　五一八四〇

以辰經星　　　世之運　　　　一五五五二〇〇

以辰經辰　　　世之世　　　一八六二四〇〇

至此而後數窮焉。注曰：「窮則變變則生生而不窮也。」皇極經世但著一元之數，使人引而伸之，可至於終而復始也此等思想蓋以爲宇宙現象一切周而復始特其數悠久而非人之所能知乃欲藉其循環之近者，以推測其遠者耳。（說詳第二篇）朱子曰：「小者大之影只晝夜便可見」即此思想也。此等數術其可信與否渺不可知即著此等書者亦未必以爲必可信特以大化悠久爲經驗所不及，不得不藉是以推測之耳彼其信數可以推測宇宙者以其深信「數起於質」一語也此等數術家，視宇宙之

間，無非物質；而物質運動各有定律，是爲彼輩所謂「數」。物質運動，既必循乎定律而不能違，則洞明物理

者固可以豫燭將來之變此其所以深信發明眞理在乎「觀物」也。然今之所謂科學者乃將宇宙現象，分

爲若干部而研究之研究愈精分析愈細謂其能知一部現象之原因結果則可謂其能明乎全宇宙之現象，

因以推測其將來微論有所不能并亦無人敢作此妄想也然昔之治學問者所求知者實爲全宇宙之將來。

夫欲知全宇宙之將來非盡明乎全宇宙之現在不可全宇宙之現在固非人所能知夫全宇宙之現在數術

家所謂「質」也全宇宙之將來數術家所謂「數」也明乎質固可以知數今也無從知全宇宙之質而欲

據一部分之質以逆測其餘之質以推得全宇宙之數焉孰能保其必確故彼輩雖據一種數以推測彼輩亦

未必自信也此所以數術之家各有其所據之數而不相襲也。（無從推測之事姑立一法以推測之而已）

　然則術數家之所謂術術數在彼亦並不自信，而世之迷信術數者顧據昔人所造之數謂眞足以推測事

變焉則惑矣。卲子曰：「天下之數出於理違乎理則入於術世人以數而入術則失於理。」此所謂術謂私智

穿鑿強謂爲可以逆測將來之術所謂理則事物因果必至之符惟入於術故失於理。卲子之說如此此其所

以究爲一哲學家而非迷信者流也。

　術數家所用之數固係姑以此爲推未必謂其果可用。假使其所用之數果能推測宇宙之變化遂能盡

洩宇宙之祕奧乎？仍不能也。何也所用之數，而真能推測宇宙之變化，亦不過盡知宇宙之質，而能盡知其未來之數耳宇宙間何以有是質之數何以必如是仍不可知也。故曰：「天之象數，可得而推。如其神用則不可得而測」此猶物理學家言某物之理如何可得而知也何以有是物何以有是理不可得而知也。又曰：「道與一神之強名也以神為神者至言也」此猶言宇宙之祕奧終不可知以不可知說宇宙乃最的當之論也。

此邵子之所以終為一哲學家而非迷信者流也。

邵子求知真理之法由於觀物。

皇王帝霸易書詩春秋乃邵子應世運之變而謂治法當如是變易者。觀物內篇曰：「昊天之盡物，聖人之盡民皆有四府焉昊天之四府春夏秋冬之謂也陰陽升降於其間矣聖人之四府易書詩春秋之謂也禮樂隆汙於其間矣」是也。

邵子之觀物，在於求真，其求真之法，則貴乎無我。觀物內篇曰：「所謂觀物者非以目而觀之也；非觀之以目而觀之以心也；非觀之以心而觀之以理也聖人之所以能一萬物之情者謂能反觀也反觀者不以我觀物以物觀物之謂也」行篇曰：「物理之學或有所不通不可以強通強通則有我有我則失理而入於術矣。」以物觀物謂純任物理之真而不雜以好惡之情，穿鑿之見即今所謂客觀有我則流於主觀矣。

宇宙之原理，邵子名之曰道。雖以爲不可知，然而極尊崇之。故曰：「天由道而生，地由道而成，人物由道而行。」天地人物則異其由於道則一也。道之所以然則無不可知，所以知之觀物而已。故曰：「道也者道也。道無形行之則見於事矣。」又曰：「以天地觀萬物則萬物爲物。以道觀天地則天地亦爲物道之道盡於天矣。天之道盡於地矣天地之道，盡於萬物矣天地萬物之道盡於人矣。（天地之道盡於物即理具於事事物外無理之謂天地萬物之道所以盡於人者，然後能盡民也。天之能盡物則謂之昊天人之能盡民則謂之理矣。）人能知天地萬物之道所以可貴也。（邵子曰：「道爲太極」。又曰：「心爲太極」即「天地萬物之道盡於人」之聖人」此道之所以可貴也。（邵子曰之說）

世界之眞原因惟一，而人之所知，則限於二此非世界之本體有二而人之認識，自如此也。此理邵子亦言之。其說曰：「本一氣也生則爲陽消則爲陰，故二者一而已矣。是以言天而不言地言君而不言臣言父而不言子言夫而不言婦然天得地而萬物生君得臣而萬化行父得子、夫得婦而家道成。故有一則有二有二則有四有三則有六有四則有八」「言天而不言地」云云謂世之所謂二者其實則一特自人觀之則見爲二耳。「有一則有二有二則有四」自此推之則世界現象極之億兆京垓其實一也。朱子所謂一本萬殊萬

殊一本即此理。

世界之本體惟一，而人恆見爲二者以其動也動則入現象界矣入現象界則有二之可言矣。故曰「自下而上謂之升自上而下謂之降者生也降者消也。故陽生於下而陰生於上是以萬物皆反陰生陽，陽生陰是以循環而不窮也」人所知之現象不外陰陽兩端。而陰陽之變化實仍一氣之升降降而升則謂之陽，升而降則謂之陰耳然則世界之本體果惟一而所謂陰陽者亦人所強立之二名耳其實則非有二也此論與張橫渠若合符節。

世界之現象人既爲之分立陰陽剛柔等名目至於本體則非認識所及非認識所及，則無可名無可而強爲之名則曰「神」邵子曰「氣一而已主之者神也神亦一而已乘氣而變化。能出入於有無生死之間無方而不測也」又曰「潛天潛地不爲陰陽所攝者神也」又曰「氣者，神之宅也體者氣之宅也氣則養性性則乘氣故氣存則性存性動則氣動也」「出入於有無生死之間不爲陰陽所攝」言其通乎陰陽也通乎陰陽則惟一之謂也「潛天潛地不行而至」言其無所不在也無所不在則惟一之謂也然又云：「神乘氣而變化」「氣者神之宅體者氣之宅」則形體即氣氣即神非物質之外別有所謂神者在也故邵子之論亦今哲學家所謂汎神論也。

邵子曰：人能盡物，則謂之聖人所謂盡物者，謂其能盡通乎物理也。人所以能通乎物理者，以人與物本

是一也。故曰：「神無所在，無所不在。至人與他心通者，以其本一也。」

邵子之學一言蔽之曰：觀察物理而已。其〈觀物外篇〉中推論物理之言頗多雖多不足據，（如云：「動者

體衡，植者體縱人宜衡而反縱」以是為人所以異於動物又云「指節可以觀天掌文可以察地」又曰「天

之神棲於日人之神棲於目人之神寢則棲心寐則棲腎所以象天也」以是比擬天人自今日觀之俱覺可

笑）然在當日自不失為一種推論也夫推論物理極其所至亦不過明於事物之原理而已。何益曰不然果

能明於事物之理則人之所以自處者自可不煩言而解其道惟何？亦曰：「循理」而已宇宙之原理天則也。

發見宇宙之原理而遵守之，則所謂循理者也。故程朱循理之說亦與邵子之學相通也。觀物內外篇中論循

理之言頗多如曰：「自然而然者，天也。惟聖人能索之效法者人也。若時行時止雖人也亦天。」〈劉絢問無為。

對曰時然後言人不厭其言時然後笑人不厭其笑時然後取人不厭其取；此所謂無為也。」（此與周子「非

不動為靜不妄動為靜」之意同。）皆是循理之要。在於無我故曰：「以物觀物性也以我觀物情也性公而

明，情偏而暗。」又曰：「任我則情情則蔽蔽則昏矣。因物則性性則神神則明矣。」又曰：「以物喜物以物悲

物此發而中節者也。」又曰：「時然後言乃應變而言不在我也。」又曰：「不我物，則能物物」又曰：「易地

理學綱要
六二

而處，則無我。夫人我何以不可分以其本不可分也人我何以本不可分以其本是一也何以本一曰：神為

之也。故曰「形可分神不可分木結實而人種之又成是木而結是實木非舊木也此木之神不二也此實生

生之理也」又曰「人之神則天地之神人之自欺所以欺天地可不慎

先天圖，亦
曰太極圖。
後人謂之
天地自然
之圖又謂
之太極眞
圖。

古太極圖

哉！」此邵子本其哲學所建立之人生觀也。

邵子之學其原亦出於道家。宋時有所謂先天圖及古太極圖者先

天圖見趙撝謙（撝謙字古則，餘姚人，宋宗室別號古老先生名山藏作

趙謙云洪武初聘修正韻）六書本義云此圖世傳蔡元定得之蜀隱者。

祕而不傳朱子亦莫之見今得之陳伯敷氏。古太極圖見趙仲全道學

正宗。（蓋以濂溪有太極圖故加古字以別之）乃就先天圖界之為八

宋濂曰：「新安羅端良願作陰陽相含之象就其中八分之以為八卦

之河圖用井文界分九宮謂之洛書言出青城隱者」正卽此圖也胡朒

明曰：此二圖蓋合二用三五（見前篇）月體納甲九宮八卦而一之者。

蓋就古太極圖所界分者而觀之則上方之全白者卽乾下方之全黑者

即坤。左方下白上黑，黑中復有一白點者當離。右方下黑上白，白中復有一黑點者當坎。乾之左下二分白上一分黑者為兌，其右下一分黑上二分白者為巽。坤之左，下一分白上二分黑者為震。其右下二分黑上一分白者為艮。所謂與八卦相合也。八卦分列八方，而虛其中為太極，所謂與九宮相合也。（案全圖為太極左白

右黑相向互為兩儀。白中有黑，黑中有白合為四象。界而分之，則成八卦。）月體納甲出魏伯陽參同契，以月之明魄多少取象於卦畫，而以所見之方為所納之甲。震一陽始生於月為生明，三日夕出於庚，故曰震納庚。兌二陽為上弦，八月夕見於丁，故曰兌納丁。乾純陽望十五夕，盈於甲，故曰乾納甲。謂三陽之氣納於東方之甲也。此望也。巽一陰始生於月為生魄，十六旦退於辛，故曰巽納辛。謂以一陰之氣納於西方之辛也。退二陰為下弦，二十三旦明半消於丙，故曰艮納

丙謂二陰之氣，納於南方之丙也。坤純陰爲晦。三十旦，明盡滅於乙謂三陰之氣，納於東方之乙

也。此望後三候陽消陰息之象也。乾納甲而又納壬坤納乙而又納癸者謂乾之中畫即太陰之精望夕夜半

月當乾納其氣於壬方地中對月之日也。坤之中畫即太陽之精晦朔之間日在坤，納其氣於癸方地中合日

之月也。徐敬可曰：「望夕之陽，既盈於甲矣，其夜半日行至壬，而與月爲衡月中原有陰魄，所謂離中一陰者。

平時合蘊不出至是流爲生陰之本故其象爲⊙，即望夕夜半壬方之日也晦旦之陽，既盡於乙矣，其夜半日

行至癸而與月同躔月中原有陽精所謂坎中一陽者平時胚渾不分至是發爲生陽之本故其象爲◉即晦

朔間癸方之月也。離爲日日生於東故離位乎東坎爲月月生於西故坎位乎西至望夕則日西月東坎離易

位其離中一陰，即是月魄坎中一陽，即是日光東西正對交位於中，此二用之氣所以納戊己也。」此蓋仍方

家修煉注重坎離之故智太極圖白中黑點黑中白點即其義也。胡氏謂「此圖蓋眞出希夷儒者受之自种

放後省有所變通恢廓非復希夷之舊。蜀之隱者爲得其本眞故朱子屬蔡季通入峽求之。」案朱子屬季

通入峽購得三圖見袁氏桷謝仲直易三圖序。而其圖仍不傳。胡氏謂此必其一未知信否。然謂邵子之學原

出此圖則說頗近之以此圖與先天次序、卦位圖若合符節也此可見邵子之學原出道家矣。黃黎洲易學象

數論曰：「乾南坤北實養生家大旨謂人身本具天地因水潤火炎會易交易變其本體故令乾之中畫損而

成離；坤之中畫塞而成坎。是後天使然今有取坎填離之法：把坎水一畫之奇歸離火一畫之耦。如鍊精化氣，

鍊氣化神之類益其所不足離得固有也。鑿竅喪魄，五色五聲五味之類損其所有餘去本無也。離復返爲

乾坎復返爲坤乃先天之南北也養生所重專在水火比之天地。旣以南北置乾坤坎離不得不就東西」尤

可見道家之說所自來然邵子之學自與養生家異用其圖作藍本亦猶周子之借用太極圖耳不得以此遂

誣邵子爲方士之流也。

篇六 橫渠之學

周、程、張、邵五子中，惟卲子之學偏於言數。周、張、二程則學問途轍，大抵相同然伊川謂橫渠：「以大概氣

象言之有苦心極力之象，而無寬裕溫和之氣。非明睿所照而考索至此故意屢偏而言多窒」朱子亦謂「若

論道理他卻未熟。」後人之尊張逐不如周程。然理學家中規模闊大制行堅卓實無如張子者張子之學合

天地萬物爲一體，而歸結於仁聞人有善喜見顏色見餓莩輒咨嗟對案不食者經日嘗以爲欲致太平必正

經界欲與學者買田一方試之未果而卒是眞能以民胞物與爲懷者其言曰：「學必如聖人而後已知人而

不知天求爲賢而不求爲聖此秦漢以來學者之大蔽」又曰：「此道自孟子後千有餘歲若天不欲此道復

明，則不使今日有知者既使人有知者則必有復明之理」其自任之重爲何如又曰：「言有教動有法畫有

爲宵有得息有養瞬有存」其自治之密爲何如？朱子謂「橫渠說做工夫處更精切似二程」又謂：「橫渠

之學是苦心得之，乃是致曲與伊川異」則其克治之功實不可誣也朱子又曰：「明道之學從容涵泳之味

洽橫渠之學苦心力索之功深」又謂：「二程資稟高明潔淨不大段用工夫橫渠資稟，有偏駁夾雜處大段

用工夫來」似終右程而左張此自宋儒好以聖賢氣象論人故有此語其實以規模闊大制行堅卓論有宋

諸家皆不及張子也張子之言曰：「爲天地立心爲生民立命爲往聖繼絕學爲萬世開太平」此豈他人所

能道哉？

橫渠之學所以能合天地萬物爲一者，以其謂天地萬物之原質唯一也。此原質惟何曰：氣是已。橫渠之

言曰：「凡可狀皆有也凡有皆象也凡象皆氣也」又曰：「太和所謂道中涵浮沈、升降、動靜相感之性；是生

絪縕相盪勝負屈伸之始。其來也，幾微易簡其究也，廣大堅固。散殊而可象爲氣清通而不可象爲神」神也，

道也氣也一物而異名宇宙之間惟此而已宇宙本體亦此而已。

一非人所能識宇宙本體既惟是一氣，何以能入認識之域乎？以其恆動故也宇宙之本體惟一動則有

絪縕相盪勝負屈伸之可見而入於現象界矣。故曰：「氣块然太虛升降飛揚未嘗止息。」又曰：「氣聚則離

明得施而有形，氣不聚則離明不得施而無形」（謂聚則可見，散則不可見也。不可見而已，非無。）又曰：「氣

不能不聚而爲萬物，萬物不能不散而爲太虛。」（太虛卽氣之散而不可見者非無。）夫如是則所謂有無者

特人能認識不能認識，而非眞有所謂有無。故曰：「氣之聚散於太虛，猶冰之凝釋於水，知太虛卽氣則無無。

聖人語性與天道之極盡於參伍之神變易而已諸子淺妄有有無之分非窮理之學也。」（案諸子亦未嘗有

有無爲二此張子之誤朱子謂：「濂溪之言有無以有無爲一。老子之言有無爲二五千言中易嘗有

以有無爲二者耶？」又云「聖人仰觀俯察但云知幽明之故不云知有無之故。」所謂幽明卽能認識不能

認識之謂也。

知天下無所謂無則生死之說可不煩言而解故曰：「氣之爲物散入無形適得吾體聚爲有象不失吾

常。」（此言質力無增減）「太虛不能無氣，氣不能不聚而爲萬物，萬物不能不散而爲太虛循是出入是皆不

得已而然也。」（此言質力之變化一切皆機械作用）「彼語寂滅者往而不反；（此闢佛然彼之所謂寂滅者

實非如張子所闢要之宋儒喜闢二氏然於二氏之言實未嘗眞解。）徇生執有者物而不化（此闢流俗）二

者雖有間矣以言乎失道則均焉。聚亦吾體散亦吾體，知死之不亡者可與言性矣。」（張子之意個體有生

死總體無所謂生死個體之生死則總體一部分之聚散而已聚非有，散非無故性不隨生死爲有無故深闢

告子「生之爲性」之說以爲「不通晝夜之道」然告子之意，亦非如張子所闢，亦張子誤也。如張子之說，則死生可一故曰「盡性然後知生無所得則死無所喪。」）

生死之疑既決，而鬼神之疑隨之生死者氣之聚散之用也。張子之言曰：「鬼神者，往來屈伸之義。」又曰「鬼神者二氣之良能也。」蓋以往而屈者爲鬼來而伸者爲神也。又詳言之曰：「動物本諸天以呼吸爲聚散之漸植物本諸地以陰陽升降爲聚散之漸。物之初生氣日至而滋息物生既盈，氣日反而游散至之爲神以其伸也反之爲鬼以其歸也。」然則鬼神者非人既死後之名乃其方生方死方生之時自然界一種看似兩相反對之作用之名耳然則鬼神者終日與人不相離者也然則人卽鬼神也。然則盈宇宙之間皆鬼神也此論至爲微妙理學家之論鬼神無能越斯旨者。

鬼神與人爲一體則幽明似二而實一幽明似二而實一則隱微之間不容不慎。故曰：「鬼神嘗不死，故誠不可揜。人有是心在隱微必乘間而見。故君子雖處幽獨防亦不懈」夫鬼神所以與人爲一體者以天地萬物本係一體也故曰：「知性知天則陰陽鬼神皆吾分內耳。」此張子由其宇宙觀以建立其人生觀者也。

宇宙之間惟是一氣之運動。而自人觀之，則有兩端之相對。惟一者本體，兩端相對者現象也。故曰：「一

物而兩體,其太極之謂與?」又曰:「一物兩體,氣也。一故神,兩故化。」又曰:「兩不立則一不可見,一不可見,

則兩之用息。兩體者虛實也,動靜也,聚散也,清濁也,其究一而已。」

所謂現象者,總括之爲陰陽兩端,細究之則億兆京垓而未有已也。故曰:「游氣紛擾,合而成質者生人

物之萬殊,其陰陽兩端循環不已者,立天地之大義。」又曰:「氣坱然太虛,升降飛揚未嘗止息,浮而上者陽

之清,降而下者陰之濁,其感遇聚散爲風雨,爲霜雪,品之流形山川之融結,精粗煨燼無非教也。」(張子之

學雖與邵子異然格物之功,亦未嘗後人。張子曰:「地純陰凝聚於中天浮陽運旋於外」又曰:「陰性凝聚,

陽性發散陰聚之陽必散之陽爲陰累則相持爲雨而降陰爲陽得則飄揚爲雲物班布太虛者陰爲

風驅斂聚而未散者也陰氣凝聚陽在內者不得出則奮擊而爲雷霆在外者不得入則周旋不舍而爲風其

聚有遠近虛實故雷風有大小暴緩和而散則爲霜雪雨露不和而散則爲戾氣曀霾」又曰:「聲者形氣相

軋而成兩氣者谷響雷聲之類形軋氣羽扇敲矢之類氣軋形人聲笙簧之類」皆其

格物有得之言自今日觀之雖不足信然亦可見其用心之深矣○敲矢莊子作嚆矢,卽鳴鏑今響箭也。)

既知宇宙之間惟有一氣則一切現象本來平等,無善惡之可言然清虛者易於變化,則謂之善,重濁者

難於變化則謂之惡。又以寂然不動者爲主紛紜變化者爲客此等思想哲學家多有之。蓋以靜爲本體,動爲

現象，本體不能謂之惡凡惡皆止可歸諸現象界也。張子亦云：「太虛無形，氣之本體其聚其散變化之客形

耳至靜無感，性之淵源有識有知物交之客感耳客感形與無感無形惟盡性者能一之」又曰：「太虛爲

清清則無礙無礙故神反清爲濁濁則礙礙則形」又曰：「凡氣清則通昏則壅清極則神。」又曰：「凡天地

法象皆神化之糟粕」蓋凡有形可見者皆不足當本體之名也。

認識所及莫非紛紜之現象也何以知其爲客而別有淵然而靜者爲之主以其動必有反而不差忒，如

久客者之必歸其故鄉也。故曰：「天地之氣雖聚散攻取百途然其爲理也順而不妄」又曰：「天之不測謂

之神神之有常謂之天。」然則紛紜錯雜者現象看似紛紜錯雜而實有其不易之則者本體也現象之變化，

不當受制馭於本體矣。故曰：「氣有陰陽推行有漸爲化合一不測爲神。」

張子之論天然如此其論人則原與天然界爲一物蓋宇宙之間以物質言則惟有所謂氣人固此氣之

所成也以性情言則氣之可得而言者惟有所謂浮沈升降動靜相感之性而此性即人之性也故人也者以

物質言以精神言皆與自然是一非二也張子之言曰：「氣於人生而不離死而游散者爲魂聚成形質雖死

而不散者爲魄。」然則魂也者即清而上浮之氣魄也者即濁而下降之氣也又曰：「氣本之虛則湛一無形。

感而生則聚而有象有象斯有對對必反其爲有反斯有仇仇必和而解故愛惡之情同出於太虛而卒歸於

物欲傎而生，忽而成，不容有豪髮之間。」此言人之情感亦即自然界之物理現象也。故斷言之曰：「由太虛，

有天之名由氣化有道之名合虛與氣有性之名合性與知覺有心之名」又曰：「惟屈伸動靜終始之能一

也。故所以妙萬物而謂之神通萬物而謂之道體萬物而謂之性」天也道也性也其名雖異其實則一物也。

一元之論至此可謂豪髮無遺憾矣。

人之性與物之性是一可以其善感驗之。蓋宇宙之間，惟有一氣而氣升降飛揚未嘗止息其所以不止

息者，以其有動靜相感之性也。而人亦然故曰：「感者性之神性者感之體」又曰：「天所不能自己者為命，

不能無感者為性」夫人與物相感猶物之自相感也。此即所謂天道也故曰：「天性乾坤陰陽也二端故有

感本一故能合」「天地生萬物，所受雖不同皆無須臾之不感」所謂性即天道也。

張子以天地萬物為一體，故深關有無隱顯歧而為二之論其言曰「知虛空即氣，則有無隱顯神化性

命通一無二若謂虛能生氣則虛無窮氣有限體用殊絕入老氏有生於無自然之論若謂萬象為太虛中所

見之物，則物與虛不相資形自形性自性天人不相待陷於浮屠以山河大地為見病之說」以如是，則

人與自然，則不能合為一體也。（釋老之言實非如此又當別論。）

張子以人與天地萬物為一體夫天地萬物其本體至善者也而人何以不能盡善曰張子固言之矣：

「太虛爲清,清則無礙,無礙則神。反清爲濁,濁則礙,礙則形。」人亦有形之物,其所以不免於惡者,正以其不

能無礙耳」張子曰:「性通乎氣之外行乎氣之內」性通乎氣之外謂人之性與天地萬物之性是一,故可

以爲至善命行乎氣之內命指耳之聰目之明,知慧彊力等言不能不爲形體所限人之所以不能善者以

此。夫「性者萬物一原非有我之所得而私也」然既寓於我之形則不能不藉我之形而見我之形不能盡

善而性之因形而見者遂亦有不能盡善者焉此則張子所謂氣質之性也氣質之性所以不能盡善者,乃因

性爲氣質所累而然而非性之本不善猶水然因方爲圭遇圓成璧,苟去方圓之器固無圭璧之形然則人能

盡除氣質之累,其性固可以復於至善。故曰:「形而後有氣質之性善反之,則天地之性存焉故氣質之性君

子有弗性者焉。」又曰:「性於人無不善繫其善反與不善而已。」

人之性善反之固可以復於至善然既云性爲氣質所限則其能反與否,自亦不能無爲氣質所拘。故曰:

「凡物莫不有是性。由通蔽開塞所以有人物之別。由蔽有厚薄故有智愚之別塞者牢不可開厚者可以開

而開之也難薄者開之也易」又曰:「上智下愚習與性相遠既甚而不可變者也。」橫渠論性之說朱子實

祖述之其說與純粹性善之說不能相容爲理學中一重公案。

氣質何以爲性累?張子統括之曰:「攻取之欲」「計度之私。」前者以情言後者以智言也人之性,即天

地之性；天地之性固善感使人之感物，亦如物性之自然相感，而無所容心於其間，固不得謂之不善所以不

善者因人之氣質不能無偏遂有因氣質而生之欲，如「口腹於飲食鼻舌於臭味」是。所謂「湛一氣之本，

攻取氣之欲」也既有此欲，必思所以遂之，於是有「計度之私。」抑且不必見可欲之物，而後計度以取之

也；心溺於欲，則凡耳目所接莫不惟可欲是聞可欲是見；而非所欲者則傾耳不聞熟視無覩焉所謂「見聞

之知，乃物交而知非德性所知」也甚有無所見聞亦憑空冥想者則所謂「無所感而起者妄也」凡若此

者總由於欲而來，故又可總括之曰「人欲」對人欲而言則曰「天理。」故曰：「徇物喪心人化物而滅天

理者與」又曰「德不勝氣性命於氣德勝其氣性命於德窮理盡性則性天德命天理氣之不可變者獨死

生壽夭而已。」又曰「為學大益在自能變化氣質」也分性為氣質之性義理之性又以天理人欲對舉皆

理學中極重要公案。而其原皆自張子發之。張子之於理學實有開山之功者也。

反其性有道乎？曰有為性之累者氣質反其性者去其氣質之累而已。去氣質之累如之何？曰因氣質而

生者欲去氣質之累者去其心之欲而已。故曰「不識不知順帝之則。有思慮知識則喪其天矣。」又曰「無

所感而起妄也感而通誠也計度而知昏也不思而得素也」又曰「成心者意之謂與成心忘然後可與進

於道。」

此等功夫貴不爲耳目等形體所累，而又不能不藉形體之用。故曰：「世人之心，止於聞見之狹聖人盡性，不以聞見牿其心」又曰：「耳目雖爲心累然合內外之德，知其爲啓之之要也」夫不蔽於耳目而又不能不用耳目果以何爲主乎曰主於心以復其性張子曰：「心統性情者也」與天地合一者謂之性，蔽於耳目者謂之情心能主於性而不爲情之所蔽則善矣故曰「人病以耳目見聞累其心而不務盡其心。盡其心者，必知心所從來而後能」夫心所從來則性之謂也。

能若此則其所爲純乎因物付物而無我之見存所謂「不得已而後爲，至於不得爲而止」也人之所以不善者旣全由乎欲則欲之旣除其所爲自無不善故曰「不得已當爲而爲之雖殺人皆義也有心爲之雖善皆意也」蓋所行之善惡視其有無欲之成分不以所行之事論也故無欲卽至善也故曰「無成心者，時中而已矣」又曰「天理也者，時義而已君子教人舉天理以示之而已其行已述天理而時措之者也」

人之所爲全與天理相合是之謂誠中庸曰「誠者天之道也思誠者人之道也」張子曰「天所以長久不已之道乃所謂誠。」所謂誠者天之道也又曰：「屈伸相感而利生感以誠也情僞相感而利害生雜之僞也。至誠則順理而利僞則不循理而害」又曰「誠有是物則有終有始偽實不有何終始之有？」所謂思誠者人之道也張子曰：「天人異用不足以言誠天人異知不足以盡明所謂誠明者性與天道不見乎大小

之別也。」謂在我之性與天道合也夫是之謂能盡性能盡性，則我之所以處我者可謂不失其道矣夫是之

謂能盡命故曰：「性其總，命其受。不極總之要，則不盡受之分」故盡性至於命者亦能至人物之命是一事也夫我之性即天地人

物之性性既非二則盡此即盡彼此此即盡彼故曰：「盡其性者能盡人物之性至於命者亦能至人物之性性至於命者亦能至人物之命」然則成己

成物以至於與天地參又非二事也此此為人道之極致亦為脩為之極功

此種功力當以精心毅力行之而又當持之以漸張子曰：「神不可致思，存焉可也化不可助長焉可

也」又曰：「窮神知化乃養盛自致非思勉之能強故崇德而外君子未之或知也」又曰：「心之要只是欲

乎曠熟後無心如天簡易不已今有心以求其虛則是已起一心無由得虛切不得令心煩求之太切則反昏

惑。孟子所謂助長是也。孟子亦只言存養而已。此非可以聰明思慮力所能致也。」張子之言如此謂其學由於

苦思力索非養盛自致吾不信也。

張子之學以天地萬物為一體故其道歸結於仁故曰：「性者，萬物一原，非有我所得私也惟大人為能

盡其性故立必俱立，知必周知，愛必兼愛，成不獨成。」蓋不如是不足以言成己也。故曰：「天體物而不遺猶

仁體事而無不在也。禮儀三百威儀三千無一物而非仁也」張子又曰：「君子於天下達善達不善無物我

之私循理者共悅之不循理者共攻之。攻其過雖在人如在己不忘自訟。其悅之善雖在己蓋取諸人必以

與人爲善以天下不善以天下。」又曰：「正己而物正，大人也。正己以正物，猶不免有意之累也。有意爲善利

之也，假之也。無意爲善性之也，由之也。」渾然不見人我之別，可謂大矣。

以上引張子之言皆出正蒙及理窟。而張子之善言仁者尤莫如西銘，今錄其辭如下。西銘曰：「乾稱父，

坤稱母。予茲藐焉，乃混然中處。故天地之塞吾其體，天地之帥吾其性。民吾同胞，物吾與也。大君者，吾父母宗

子，其大臣宗子之家相也。尊高年所以長其長，慈孤弱所以幼其幼。聖其合德，賢其秀也。凡天下疲癃殘疾，惸

獨孤寡皆吾兄弟之顛連而無告者也。於時保之子之翼也。樂且不憂純乎孝者也。違曰悖德害仁曰賊，惡

者不才，其踐形維肖者也。知化則善述其事窮神則善繼其志。不愧屋漏爲無忝存心養性爲匪懈惡旨酒崇

伯子之顧養育英才。穎封人之錫類不弛勞而底豫舜其功也。無所逃而待烹申生其恭也。體其受而全歸者

參乎勇於從而順令者伯奇也。富貴福澤將厚吾之生也貧賤憂戚庸玉汝於成也存吾順事沒吾寧也」

寥二百餘言，而天地萬物爲一體不成物不足以言成己，即所以成物之旨昭然著揭焉可謂善言仁矣。

楊龜山寓書伊川，疑西銘言體而不及用恐其流於兼愛。伊川曰：「西銘理一而分殊墨氏則二本而無

分。子比而同之，過矣。」劉剛中問：「張子西銘與墨子兼愛何以異」朱子曰：「異以理一分殊。一者一本殊

者萬殊脈絡流通真從乾父坤母源頭上聯貫出來。其後支分派別井井有條非如夷之愛無差等且理一體

也，分殊用也。墨子兼愛只在用上施行。如後之釋氏人我平等，親疏平等，一味慈悲彼不知分之殊又惡知理之一哉」釋氏是否不知分殊又當別論而張子之學本末咸備體用兼該，則誠如程朱之言也。

惟其如是故張子極重禮。張子曰：「生有先後所以爲天序。小大高下相並而相形焉，是爲天秩天之生物也有序物之既形也有秩。知序然後經正知秩然後禮行。」蓋義所以行仁禮所以行義也。張子又曰：「世學不講男女從幼便驕惰壞了。到長益凶狠只爲未嘗爲子弟之事則於其親已有物我，不肯下病根常在又隨所居而長，至死只依舊爲子弟則不能安酒掃應對在朋友則不能下朋友有官長則不能下官長爲宰相則不能下天下之賢甚則至於徇私意義都喪也只爲病根不去隨所居所接而長人須一事事消了病則義理常勝」又曰：「某所以使學者先學禮者只爲學禮便除去了世俗一副當習纏繞譬之延蔓之物，解纏繞即上去上去即是理明矣又何求苟能除去一副當世習便自然洒脱也」可見張子之重禮皆所以成其學非若俗儒拘拘即以節文之末爲道之所在矣。張子教童子以酒掃應對進退女子未嫁者使觀祭祀，納酒漿。其後學益酌定禮文行之教授感化所及之地雖所行未必盡當然其用意之善則不可沒也。張子曰：「天下事大患只是畏人非笑不養車馬食粗衣惡居貧賤皆恐人非笑不知當生則生當死則死今日萬鍾，明日棄之今日富貴明日飢餓亦不卹惟義所在」今日讀之猶想見其泰山巖巖壁立萬仞之氣象焉吾師

乎！吾師乎百世之下，聞者莫不興起也。

篇七　明道伊川之學

二程之性質雖寬嚴不同，（二程之異，朱子「明道弘大，伊川親切」一語足以盡之。大抵明道說話較渾融，伊川則於躬行之法較切實。朱子喜切實故宗伊川，象山天資高故近明道也。）然其學問宗旨則無不同也，故合為一篇講之。

欲知二程之學首當知其所謂理氣者。二程以凡現象皆屬於氣。具體之現象固氣也，抽象之觀念亦氣。必所以使氣如此者乃謂之理。大程曰：「有形總是氣無形是道」；小程曰：「陰陽氣也所以陰陽者道」是也。（非謂別有一無形之物能使有形者如此別有一所以陰陽者，能使陰陽為陰陽。乃謂如此與使之如此者，其實雖不可知然自吾曹言之不妨判之為二耳。小程曰：「沖穆無朕，萬象森然已具。乃未應不是先已應不是後。如百尺之木自根本至枝葉皆是一貫。不可上面一段是無形無兆卻待人安排引出來」此言殊有契於無始無終之妙若謂理別是一物，而能生氣則正陷於所謂安排引出來者矣或謂程子所謂理能生氣乃謂以此生彼如橫渠所譏「虛能生氣虛無窮氣有限體用殊絕」者乃未知程子之意者也。○程子所以歧

理氣爲二者蓋以言氣不能離陰陽，陰陽已是兩端相對，不足爲宇宙根原，故必離氣而言理。亦猶周子於兩儀之上立一太極也。小程曰：「寂然不動，感而遂通此已言人分上事若論道則萬理皆具更不說感與未感」其意可見然以陰陽二端不足爲世界根原，而別立一沖穆無朕之理以當之殊不如橫渠之說以氣即世界之實體，而陰陽兩現象乃是其用之爲得也。○小程以所謂惡者歸之於最初之動其言曰：「天地之化既是兩物必動已不齊譬如兩扇磨行使其齒齊不得齒齊既動則物之出者何可得齊從此參差萬變巧曆不能窮也。」蓋程子之意，終以惡生於所謂兩者也。夫如明道之言，「有形總是氣無形是道」天地亦有形之物也亦氣也。天地有惡誠不害於理之善然理與氣既不容斷絕則動者氣也使之動者理也理既至善何故氣有不善之動是終不能自圓其說也故小程子又曰：「事有善有惡皆天理也天理中物須有美惡蓋物之不齊物之情也。」至此則理爲惡於心究有不安乃又委曲其詞曰：「天下善惡皆天理謂之惡者本非惡但或過或不及」未免進退失據矣○又案二程之論雖謂理氣是二，然後來主理氣是一者其說亦多爲二程所已見如「惡本非惡但或過或不及」一語即主理氣是一者所常引用也。小程又曰：「天地之化，一息不留。疑其速也然寒暑之變甚漸。」又曰：「天地之化雖廓然無窮，然而陰陽之度日月寒暑晝夜之變莫不有常此道之所以爲中庸」此二說後之持一元論者亦常引用之。

要之二程論理氣道器，用思未嘗不深，而所見不如後人之瑩澈。此自創始者難爲功，繼起者易爲力也。）

職是故，伊川乃不認氣爲無增減而以爲理之所生，語錄曰：「眞元之氣，氣之所由生不與外氣相雜，但以外氣涵養而已。若魚之在水，魚之性命非是水爲之，但必以水涵養魚乃得生耳。人居天地氣中與魚在水無異。至於飲食之養皆是外氣涵養之道。出入之息者闔闢之機而已。所出之息，非所入之氣，但眞元自能生氣。所入之氣正當闔闢時隨之而入，非假外氣以助眞元也。若謂既反之氣，復將爲方伸之氣，則殊與天地之化不相似。天地之化自然生生不窮，更何資於既斃之形既返之氣。人氣之生，生於眞元。天地之氣亦自然生生不窮。至如海水陽盛而涸及陰盛而生亦不是將已涸之氣卻生水，自然能生往來屈伸只是理也。盛則便有衰，晝則便有夜往則便有來。天地中如洪鑪何物不銷鑠」此說與質力不滅之理不合；且於張子所謂「無無」之旨見之未瑩宜後人之譏之也。

凡哲學家祇能認一事爲實主理氣合一者以氣之屈伸往來卽是理所謂理者乃就氣之狀態而名之，故氣卽是實也若二程，就氣之表別立一使氣如是者之名爲理則氣不得爲實惟此物爲實審矣。故小程謂「天下無實於理者」也。

二程認宇宙之間惟有一物，卽所謂理也宇宙間既惟此一物，則人之所禀受以爲人者，自不容舍此而

有他故謂性即理。(大程曰：「在天為命，在人為性，主於身為心」（小程亦有此語。）小程曰：「道與性一」是

也。(明道又曰：「窮理盡性以至於命三事一時竝了。」伊川語錄：「問人之形體有限量心有限量否曰以

有限之形有限之氣苟不通之以道安得無限量苟能通之以道又豈有限量天下更無性外之物若曰有限

量除是性外有物始得」其所謂理者既為脫離現狀無可指名之物故其所謂性者亦異常超妙無可把捉

大程謂「生之謂性性即氣」「人生而靜以上不容說；才說性便已不是性」是也。伊川語錄「季明問喜怒

哀樂未發謂之中曰當中之時耳無聞目無見否曰雖耳無聞目無見然見聞之理在始得賢且說靜時如何

曰謂之無物則不可然自有知覺處。曰既有知覺卻是動也怎生言靜人說復以靜見天地之心非也。曰：

下面一畫便是動也安得謂之靜」又：「或問先生於喜怒哀樂未發之前下動字下靜字曰謂之靜則可然

靜中須有物始得這是最難處。」又「或曰喜怒哀樂未發之前求中可乎曰不可。既思於喜怒哀樂未發之

前求中卻又是思也既思即是已發便謂之和不可謂之中。」既思即是已發有知覺便是動此即明道才說

性便已不是性之說蓋二程之意必全離乎氣乃可謂之性；全離乎生乃可謂之性也。既無聞無見而又須有

見聞之理在謂之靜而其中又須有物；則以理氣二者不容隔絕爾二者既不容隔絕而又不容夾雜則其說

祇理論可有實際無從想像矣。二程亦知其然故於夾雜形氣者亦未嘗不認為性（以舍此性更無可見也）

大程謂「善固性也，惡亦不可不謂之性」；小程謂「論性不論氣不備，論氣不論性不明」是也。夫如是，則二程所謂性者空空洞洞無可捉摸，自不得謂之惡。故二程以所謂惡者悉歸諸氣質。

小程曰：「性即是理，理自堯舜至於途人一也。才稟於氣，氣有清濁，稟其清者為賢，稟其濁者為愚。」「又曰：「氣有善有不善，性則無不善。人之所以不知善者，氣昏而塞之耳。」又曰：「性即理也。天下之理原其所自來，未有不善。故凡言善者皆先善而後惡；言吉凶者皆先吉而後凶」明道語錄中論性一節，號為難解，其意亦衹如此。其言曰：「生之謂性，性即氣，氣即性，生之謂也。人生氣稟，理有善惡。然不是性中元有此兩物相對而生也。有自幼而善，有自幼而惡，是氣稟使然也。善固性也，惡亦不可不謂之性也。蓋生之謂性，人生而靜以上不容說。才說性便已不是性也。凡人說性只是說繼之者善也。孟子言人性善是也。夫所謂繼之者善也，猶水流而就下也。皆水也。有流而至海終無所汙，此何煩人力之為也。有流而未遠固已漸濁；有出而甚遠方有所濁。有濁之多者，有濁之少者。清濁雖不同，然不可以濁者不為水也。如此則人不可以不加澄治之功。故用力敏勇則疾清用力緩怠則遲清。其清也，卻只是元來水也。亦不是將清來換卻濁，亦不是取出濁來置在一隅也。故不是善與惡在性中為兩物相對各自出來。」大程此言謂性字有兩種講法：一告子所謂「生之謂性」此已落形氣之中無純善者。孟子所謂性善，亦指此，

理學綱要

八二

不過謂可加澄治之功耳。一則所謂人生而靜以上此時全不雜氣質，故不可謂之惡。此境雖無可經驗然人之中固有生而至善如水之流而至海終無所汙者又有用力澄治能復其元來之清者，如水然江河百川，固無不與泥沙相雜然世間既有清澄之水，人又可用力澄治，以還水之清，則知水與泥沙，確係兩物；就水而論，固不能謂之不清；而濁非水之本然矣。此人性所以可決為善，而斷定其中非有所謂惡者與善相對也。（性本至善，然人之生鮮有不受氣質之累者。不知此理，則將有性惡之疑。故小程謂「論性不論氣不備論氣不論性不明」也。○二程謂心性是一，故於心亦恆不認其有不善。大程曰：「心本善，發於思慮，則有善有不善。既發則可謂之心。」小程謂「在天為命，在人為性，主於身為心運用處是意」。問上知下愚不移是性否？曰此是才，才猶言材料，曲可以為輪，直可以為梁是也。」朱子則善橫渠心統性情之說謂「性是靜，情是動，心則兼動靜而言」。）

　　天下惟有一理，所謂性者亦即此理；此理之性質果何如乎？二程斷言之曰仁。蓋宇宙現象變化不窮，便是生生不已。凡宇宙現象一切可該之以生；則生之外無餘事（生殺相對然殺正所以為生，如冬藏所以為春生地也。故二者仍是一事）故生之大無對，生即仁也，故仁之大亦無對。人道之本惟仁而已。大程識仁篇暢發斯旨。其言曰：「仁者渾然與物同體。義理智信皆仁也。識得此理，以誠敬存之而已。不須防檢，不須窮索

此道與物無對大不足以明之天地之用皆我之用孟子言萬物皆備於我須反身而誠乃爲大樂若反身未誠猶是二物有對以己合彼終未有之又安得樂訂頑意思乃備言此體（橫渠銘其齋室之兩牖東曰砭愚西曰訂頑伊川更爲東銘、西銘）以此意存之更有何事必有事焉而勿正心勿忘勿助長未嘗致纖豪之力，此其存之之道若存得便合有得蓋良知良能元不喪失以昔日習心未除卻須存習此心久則可奪舊習理至約惟患不能守然既體之而樂亦不患不能守也」曰「與物同體」曰「天地之用皆我之用」曰「萬物皆備於我苟能有之則非復二物相對不待以己合彼」皆極言其廓然大公而已無人我之界則所謂仁也小程曰「仁人道只消道一公字」亦此意（伊川語錄「問仁與心何異曰心是就所主言仁是就事言」伊川以心與性爲一理與仁爲一性即理故心即仁也○大程言仁有極好者如曰：「醫書言手足痿痺爲不仁此言最善名狀仁者以天地萬物爲一體莫非己也至仁則天地萬物爲一身而天地之間品物萬形爲四支百體夫人豈有視四支百體而不愛者哉？」又曰：「仁至難言故曰己欲立而立人己欲達而達人能近取譬可謂仁之方也已如是觀之可以得仁之體」又曰：「舍己從人最難已者我之所有雖痛舍之猶懼守己者固而從人者輕也」又曰「大凡把捉不定皆是不仁」其言皆極勘察入微。○明道曰：「昔受業於周茂叔每令尋顏子仲尼樂處所樂何事」朱子語錄：「問顏子所樂何事周子程子終不言先生以爲所樂何事？

曰：「人之所以不樂者，有私意耳克己之私，則樂矣。」盡去己私則不分人我矣。○〔伊川語錄：「問仁與聖何以

異曰人只見孔子言何事於仁必也聖乎便爲仁小而聖大殊不知仁可以通上下言之聖則其極也今人或

一事是仁可謂之仁至於盡人道亦可謂之仁此通上下言之也如曰若聖與仁則吾豈敢則又仁與聖兩大。

大抵盡仁道者卽是聖人非聖人則不能盡得仁道」亦以仁爲人道之極也。○所謂「義禮智信皆仁」者，

乃謂義禮智信皆可該於仁之中耳非謂有仁遂可無義禮智信也明道語錄曰：「仁者體也義者用也知義

之爲用而不外焉可以語道矣世之所論於義者皆外之不然則混而無別」此數語爲義禮知信皆仁之絕

好注脚。蓋所謂義理智信皆仁者謂仁者目的義禮智信皆其手段手段所以達目的而外更無餘事

也外之則義禮智信與目的對立爲二物矣如殺以止殺殺義也以止殺故乃殺則所以行仁也毒蛇螫手壯

士斷腕斷腕義也行此義正所以全其身則仍仁也良藥苦口忍痛而飲之飲之義也亦所以全其身則仁也

蓋義之目的在仁而其手段則與仁相反故以仁爲目的而行之則義仍是仁卽以義爲目的而行之則竟是

不仁矣。此外義之之謂也。故外義卽不仁也混而無別則又有目的而無手段所謂婦人之仁也其事

亦終必至於不仁而後已故混而無別亦不仁也。）

識得仁以誠敬存之，固已然人何緣而能識仁，亦一問題也此理也，大程於定性篇發之其言曰：「所謂

定者，動亦定，靜亦定；無將迎，無內外苟以外物為外牽己而從之，是以己性為有內外也且以己性為隨物於

外則當其在外時何者為在內？是有意於絕外誘而不知性之無內外也既以內外為二本則又烏可遽語定

哉夫天地之常以其心普萬物而無心聖人之常以其情順萬事而無情故君子之學莫若廓然而大公物來

而順應。易曰：貞吉悔亡憧憧往來朋從爾思。苟規規於外誘之除，將見滅於東而生於西也非惟日之不足顧

其端無窮不可得而除之。大率患在於自私而用智，自私則不能以有為應

迹用智則不能以明覺為自然。今以惡外物之心而求照無物之地是反鑑而索照也易曰：艮其背不獲其身。

行其庭不見其人。孟氏亦曰所惡於智者為其鑿也與其非外而是內不若內外之兩忘也。兩忘則澄然無事

矣無事則定定則明明則尚何應物之為累哉」此篇所言一言蔽之因物付物而已。因物付物則澄然無事

則合乎天然之理合乎天然之理則仁矣故誠敬存之是識仁後事而因物付物（不自私不用智）則由之

以識仁之道也（此篇所言亦為鍼砭學佛者而發）伊川曰「學佛者多要忘是非是非安可忘得自有許多

道理何事忘得夫事外無心心外無事世人只為被物所役便覺苦事多。若物各付物便役物也。」又曰：「如

明鑑在此萬物畢照是鑑之常難為使之不照。人心能交感萬物亦難為使之不思慮」皆與此篇意同。○二

程所謂止者即物各付物之謂也。明道曰：「知止則自定。」伊川曰：「釋氏多言定聖人則言止。」○伊川論止

之理，有極精者其言曰：「人多不能止蓋人萬物皆備遇事時各因其心之所重者更互而出才見得這裏重，

便有這事出若能物各付物便是不出來也」又曰：「養心莫善於寡欲欲不必沈溺只有所向便是欲」又

曰「外物不接內欲不萌如是而止乃得止之道有疑病者事未至先有疑端在心周羅事者先有周羅事之

端在心皆病也」其言皆深切著明足以使人猛省○伊川又曰：「聖人與理為一故無過不及而中而已矣其

他皆是以心處這個道理。故賢者常失之過不肖者嘗失之不及」此可見因物付物即私欲淨盡之時也」）

大程之所謂定，即周子之所謂靜也蓋世界紛紛皆違乎天則之舉動若名此等舉動為動則反乎此等

舉動者固可以謂之靜謂之定故周子所謂靜大程所謂定無二致也。雖然周子僅言當靜而已如何而可以

靜未之及也程子則幷言所以求定之方曰：「涵養須用敬進學在致知」蓋當然之天則在自悟而不容強

求。若迫切求之則即此迫切之心已與天則為二矣。（伊川語錄「問呂學士言當求於喜怒哀樂未發之前當

信斯言也恐無著摸如之何而可？曰看此語如何地下若言存養於喜怒哀樂未發之時則可若言求中於喜

怒哀樂未發之時則不可又問學者於喜怒哀樂發時固當勉強裁抑於未發之前當如何用功曰未發之前

更怎生求只平日涵養便是」又：「伊川曰志道懇切固是誠意若迫切不中理則反為不誠蓋實理中自有

緩急不容如是之迫。」○明道曰：「中者，天下之大本天地之間亭亭當當直上直下之正理出則不是惟敬

而無失最盡」。亦涵養須用敬之意也。）故識得此理之後在此以勿忘勿助之法存之也。（勿忘者不離乎

此之謂。勿助者不以人力強求以致反離乎此之謂也。）此卽程子所謂敬也然此爲識得天則後事至於未

識天則之前欲求識此天則則當卽物而求其理。此則程子所謂致知也故定者（卽周子之靜）目的主敬

致知則所以達此目的也也。故程氏之學脈實上承周子而其方法則又較周子加詳也。

涵養須用敬進學在致知二語爲伊川之宗旨朱子亟稱之然其說實已備於明道故二程之性質雖異，

其學術則一也。明道論敬之語已見前伊川於此發揮尤爲透切其言曰：「有主則虛虛則邪不能入無主則

實實則物來奪之今夫缾罌，有水實內則雖江海之侵無所能入安得不虛無水於內則淳注之水不可勝注，

安得不實大凡人心不可二用用於一事他事便不能入事爲之主也事爲之主尙無思慮紛擾之患若主於

敬又焉有此患乎？（所謂「閑邪則誠自存主一則不消閑邪」也。）所謂敬者主一之謂所謂一者無適

之謂一。且欲涵泳主一之義一則無二三矣。但存此涵養久之，自然天理明。」程子所謂主一乃止於至當而

無邪思雜念之謂。故其所謂一者初非空空洞洞，無所著落。語錄：「或問思慮果出於正亦無害否曰且如宗

廟則主敬朝廷則主莊軍旅則主嚴此是也若發不以時紛然無度雖正亦邪」如此說則強繫其心於一物；

或空空洞洞，一無著落者皆不得爲思之正。何則？所謂一物者初非隨時隨地所當念；而隨時隨地各有其所

當念之事，原亦不當落入空寂故也語錄又載伊川語曰：「張天祺嘗自約：上著牀便不得思量事不思量事後須強把這心來制縛亦須寄寓在一個形像皆非自然君實只管念個中字則又爲中繫縛愚夫不思慮冥然無知此過與不及之分也」周子所謂靜本係隨時隨地止於至當之謂非謂虛寂然然學者每易誤爲虛寂。易之以主敬則無此弊矣故主敬之說謂即發明周子主靜之說可謂補周子之說末流之弊而救其偏亦無不可也故伊川又鄭重而言之曰：「敬則自虛靜不可把虛靜喚做敬。」（虛寂之靜固有弊然恆人所患究以紛擾爲多故學道之始宜使之習靜以袪塵累而見本心此非使之入於虛寂也故伊川每見人靜坐輒歎其善學○初學敬時雖須隨時檢點畱意於主一及其後則須自然而然不待勉強否則有作意矜持之時必有遺漏不及檢點之處矣故伊川又謂「忘敬而後無不敬」也○誠敬二字義相一貫蓋誠即眞實無妄之謂，敬即守此眞實無妄者而不失之謂也。一有不敬則私意起；私意起即不誠矣。伊川語錄：「季明曰腑嘗患思慮不定。或思一事未了他事如麻又生如何？曰不可此不誠之本也」令人悚然）

　　致知之說，欲即事物而求其理，頗爲陽明學者所訾今之好言科學者又頗取其說其實二程所謂致知，不盡如陽明學者所識亦非今世所謂科學之致知也致知之說亦發自明道語錄：「問不知如何持守？曰且未說到持守持守甚事須先在致知」是也。明道訓「致知在格物」之格爲至謂窮理而至於物則物理盡。

伊川則訓格爲窮訓物爲理謂格物猶言窮理意亦相同。伊川云：「若只守一個敬，不知集義，卻是都無事也。

且如欲爲孝不成只守個孝字須知所以爲孝之道所以奉侍當如何溫凊當如何然後能盡孝道也」與後

來陽明之說正相反又曰「學者先要會疑」又曰「人思如泉涌汲之愈新」又曰「不深思而得者其得

易失」又曰「問人有志於學然知識蔽錮力量不至則如之何曰只是致知若致知則知識當漸明不曾見人

有一件事終思不到也知識明則力量自進」其視致知之重而勸人以致思如此。明道謂：「知至則便意誠。

不誠皆知未至耳」伊川曰「勉強行者安能持久除非燭理明自然樂循理」又曰「人謂要力行，亦只

是淺近語人既能知見豈有不能行？」一若行全繫於知既知則行更無難者不獨主陽明之學者訾之即從

常識立論者亦多疑之然二程之所謂知實非常人之所謂知也常人所謂知者不過目擊耳聞未嘗加以體

驗故其知也淺二程所謂知則皆經身驗而確知其然者也故其知也深伊川曰「知有多少般煞有淺深。

向親見一人曾爲虎所傷因言及虎神色便變旁有數人見他說虎非不知虎之猛可畏然不如他有畏懼之

色蓋真知虎者也學者深知亦如此且如膾炙貴公子與野人皆知其美然貴人聞著便有欲嗜膾炙之心野

人則不然學者須是真知才知得便泰然行將去也」又曰「如曾子易簀須要如此乃安人不能若此者只

爲不見實理實理得之於心自別若耳聞口道心實不見若見得必不肯安於所不安。」又曰：「古人有捐軀

殞命者。若不實見得，烏能如此？須是實見得生不重於義，生不安於死也，故有殺生成仁者只是成就一個是而已」又曰：「執卷者莫不說禮義王公大人皆能言軒冕外物及其臨利害則不知就義理卻就富貴如此者，只是說得不實見」凡此所謂知者皆身體力行後之眞知灼見非口耳剿襲者比故伊川謂「聞見之知，非德性之知」而訾世之所謂博學多聞者皆聞見之知也。蓋二程所謂致知者原係且實行且體驗非懸空摸索之謂也。然則其所謂知者實在行之後矣安得以流俗知而不行之知識之哉故曰二程之致知不盡如陽明學者所識也。（知行二者眞切言之，固亦難分先後。然自理論言之，固可謂知在先行在後，此則人之言語思想不得不然者也伊川謂「譬如行路須是光照」即此理。○不知而行，往往有貌是而實非者。伊川語錄：「到底須是知了方能行。若不知只是覷了堯學他行事無許多聰明睿知怎生得如他動容周旋中禮」是也。○用過此等工夫後自然有眞知灼見與常人不同。故小程謂爲人處世聞見事無可疑多少快活」也。至謂二程之致知非今世科學所謂致知者則以其所言，多主道德不主知識明道曰：「良知良能，皆出於天，不係於人人莫不有良知。惟蔽於人欲乃亡天德。」伊川曰：「致知在格物，非由外鑠我也我固有之也因物而遷迷而不悟則天理滅矣。故聖人欲格之」其所謂知者可知。故伊川又曰：「致知但知止於至善如爲人子止於孝爲人父止於慈之類只務觀物理正如游騎無歸」又曰：「物我一理才明彼即曉此合內外之道

也」此豈今科學所謂知哉？伊川曰：「人道莫如敬未有致知而不在敬者。」又曰：「致知在格物物來則知

起物各付物，不役其知則意誠意誠則心正此始學之事也。」明道曰：「目畏尖物此事不得放過須是克下。

室中率置尖物以理勝他」有患心疾者見物皆師子。伊川教以見即直前捕執之，無物也久之疑疾遂愈此

等致知工夫皆兼力行言之。故伊川謂「有恐懼心亦是獨理不明」又謂「克己所以治怒明理所以治懼」

若如尋常人所爲則稍有知識者誰不知鬼魅之不足畏然致獨宿於墟墓之間者幾人歟故曰二程之致知，

非今科學家所謂致知也。

格物之說欲即事物而窮其理事物無窮，即理無窮，格之安可勝於物有所未格，即於理有所未窮，

而知亦有所不致矣。此世之致疑於格物之說之最大端也。雖然此以疑今科學之所謂格物則可。若二程所

言之格物則其意本本主於躬行，但須格到此心通曉爲止豈有格盡天下之物之疑哉（如欲通文字者但須

將他人文字讀之，至自己通曉爲止豈有盡天下文字多不能盡讀之理）故如此之說實不足以疑二程也。

伊川語錄：「或問格物須物物格之還是格一物而萬物皆知曰怎生便會該通若只格一物便通衆理雖顏

子亦不能如此須是今日格一件明日格一件積習既多然後有脫然貫通處。」又曰「自一身之中至萬物

之理，但理會得多相次，自然豁然有覺處。」所謂脫然貫通豁然有覺，雖不能謂其必當於眞理然自吾心言

之，確有此快然自得之境。試問今之爲學者，孰敢以其所得爲必確，然用力既深，又孰無此確然自信之境乎？

故如此之說實不足以難二程也故曰：「所謂窮理者非道須盡窮天地萬物之理，又不道是窮得一理便到。

只是要積累多後自然見去」（窮理以我爲主故無論何物皆可窮。小程謂「窮理亦多端或讀書講明義理；

或論古今人物別其是非或應事接物而處其當然」是也惟其然故不通於此者不妨舍而之彼。小程謂「若

於一事思未得且別換一事思之，不可專守著這一事蓋人之知識在這裏蔽著雖強思亦不通」是也然則

王陽明格庭前之竹七日而至於病乃陽明自誤不關二程事矣。）

格物窮理皆所以求定性而定性則所以求合乎天則，故宋儒於天理人欲之界最嚴。明道曰：「吾學雖

有所受天理二字卻是自家體帖出來」其視之之重可知所謂天理者即合乎天則之謂也所謂人欲者即

背乎天理之謂也。伊川曰：「視聽言動非禮不爲即是禮也不是天理便是人欲」又曰：「無人欲

即是天理」可見其界限之嚴矣。理學家所謂天理者往往實非天然之則，而持之過於嚴酷故爲世人所訾。伊川曰：「天下之害，無

然謂理學家所謂天理者非盡天理則可謂立身行事無所謂當然之理者固不可也。

不由末之勝也。峻宇雕牆本於宮室酒池肉林本於飲食淫酷殘忍本於刑罰窮兵黷武本於征伐凡人欲之

過者皆本於奉養其流之遠則爲害矣。先王制其本者天理也後人流於末者人欲也損之義損人欲以復天

理而已。」歷舉各事皆性質同而程度有差者，而其利害，遂至判然殊足使人悚惕也。

統觀二程之學定性之說與周子之主靜同識仁一篇與橫渠之正蒙無異所多者，則「涵養須用敬，進

學在致知」二語實行之法較周張爲詳耳蓋一種哲學之興，其初必探討義理以定其趨向趨向既定則當

求行之之方學問進趨之途轍固如是也然二程性質實有不同其後朱子表章伊川，象山遠承明道遂爲理

學中之兩大派焉。

二程格物致知之說，既非如流俗所疑，則其與陽明之學之異，果何在乎曰二程謂天則在物，（伊川曰：

「物各有則須是止於物」）陽明謂天則在心此其異點也。參看講陽明之學一篇自明。

篇八　晦菴之學

宋學家爲後人所會者莫如朱子。朱子於學最宗濂溪及二程然於其餘諸家亦皆加以研究評論。至其

哲學思想則未有出於周張二程之外者。不過研究更爲入細發揮更爲透闢耳故朱子非宋學之創造家，而

宋學之集成者也。（陸子一派僅修養之法與朱子不同。哲學思想亦不能出周，張二程之外）

人類之思想可分爲神學玄學科學三時期神學時期恆設想宇宙亦爲一人所創造遂有天主造物，黃

土搏人等說此不足論玄學時期則舉認識之物分析之，或以爲一種原質所成，或以爲多種原質所成所謂一元論、多元論是也。二者相較又以一元論爲較圓滿之說玄學之說明宇宙至此而止不能更有所進也。

宋學家以氣爲萬物之原質與古人同而又名氣之所以然者爲理此爲當時之時代思想，朱子自亦不能外此。

有其然必有其所以然乃人類思想如此，非事實也。就實際言然與所以然，原係一事故理氣爲二之說，實不如理氣爲一之說之的然謂氣之外眞有一使氣如此之理則非若明知理氣是一特因人類思想有其然必推求其所以然因爲假立一名以資推論則亦無所不可。朱子之論理氣即係如此。其所見誠有不如後人瑩澈之處然世之譏之者或竟疑朱子謂氣之外別有所謂理之一物焉則亦失朱子之意已。

語類云：「理氣本無先後之可言必欲推其所從來則須說先有是理然理又非別爲一物即存乎是氣之中。」又云：「天地之間只有動靜兩端循環不已更無餘事此之謂易。而其動其靜則必有所以動靜之理。是則所謂太極者也」（伊川論復卦云：「一陽復於下，乃天地生物之心也先儒皆以靜爲見天地之心蓋不知動之端乃天地之心也」）朱子又論之曰「天地以生物爲心者也雖氣有闔闢物有盈虛而天地之心則亙古亙今未始有毫釐之間斷也。故陽極於外而復生於內聖人以爲於此可以見天地之心焉蓋其復者氣

也；其所以復者則有自來矣。向非天地之心生生不息，則陽之極一絕而不復續矣，尚何以復生於內，而爲闔闢之無窮乎？此則動之端，乃一陽之所以動，非指夫一陽之已動者而言之也。」答劉叔文云：「所謂理與氣決是二物。但在物上看則二物渾淪不可分開各在一處，然不害二物之各爲一物也。若在理上看則雖未有物而已有物之理。」此皆謂理氣之別，出於人之擬議，而非眞有此二物也。（語類云「太極理也動靜氣也，氣行則理亦行。二者常相依，而未嘗相離也。當初元無一物只有此理，有此理便會動而生陽，靜而生陰極復動，動極復靜」云云，極似以理爲實有其物者，此等處最易招後人之訾議。然統觀全體則朱子未嘗以理爲實有一物，在氣之外固彰彰也。語類又云「太極非是別爲一物，即陰陽而在陰陽，即五行而在五行，即萬物而在萬物，只是一個理而已。」其說固甚明顯已。

〔語類〕「問天地之氣當其昏明駁雜時理亦隨而昏明駁雜否？曰：理卻只恁地，只是氣如此。」又問：若氣如此，則理不如此。則是理與氣相離矣。曰氣雖是理之所生然既生出則理管他不得如這理寓於氣了。日用運用間都由這個氣只是氣強理弱」朱子之意蓋亦如橫渠謂氣之清虛者無礙無礙則神重濁者有形有形則不免有礙也。如人稟天地之氣以生元依據這個理然形質既成則其所受之理即不免隨其形質之偏，而有昏明之異。至此則理亦不能超乎形氣，而自全其善矣所謂「管他不得」也然此固非理之罪所謂「理卻只

恁地」也。

又：「可機問：大鈞播物，還是一去便休還有去而復來之理曰：一去便休耳豈有散而復聚之氣。

與伊川「天地之化，自然生生不窮更何資於既斃之形已反之氣」同殊與質力不滅之理相背不免陷於斷絕之譏。

了，又別有個陰生」答楊元範曰：「陰陽只是一氣陰氣流行即爲陽陽氣凝聚即爲陰非直有二物相對」是也。

朱子之論陰陽，亦以爲同體而異用，與橫渠同語錄曰：「陰陽只是一氣陽之退便是陰之生不是陽退

陰陽亦人之觀念，而非實有其物，故逐細分析，可以至於無窮（人非分別不能認識。凡人所認識皆有彼此之分即可以陰陽名之。）此理朱子亦見及語類：「統言陰陽只是兩端，而陰中自分陰陽中亦有陰陽。乾道成男坤道成女雖屬陽而不可謂其無陰女雖屬陰而不可謂其無陽人身氣屬陽而氣有陰陽血屬陰而血有陰陽」云云此說殊有裨於實用。知此則知大小善惡等一切皆比較之詞而非有一定之性質。以臨事不滯固矣。（如人之相處陵人爲惡見陵於人爲善此通常之論也然世實無陵人之人亦無見陵於人之人視所值而異耳甲強於乙則陵乙而乙不敢陵甲則甲爲陵人之人而乙爲見陵於人之人然丙弱於

乙，乙又將陵之；丁更強於甲，亦不免陵甲；則甲又爲見陵於人之人，乙又爲陵人之人矣。知此，則知世無眞可信之人，亦無眞可託之國同理亦無眞不可信之人之眞不可託之國吾國當日俄戰前，羣思倚日以排俄；德日戰後又欲結美以攘日；近日高唱打倒帝國主義，則又不分先後緩急欲舉外人一切排之皆不知此等理誤之也。故哲學思想眞普及則羣衆程度必增高。

凡言學問必承認因果現象界中自然且必然之規律也此規律以時間言則不差秒忽以空間言則不爽豪釐此爲舊哲家所謂數朱子之思想亦如此語類云「有是理便有是氣有是氣便有是數」又云「數者氣之節候」是也。

理學家之所謂理非普通人之所謂理也普通人之所謂理，乃就彼所知之事籀繹得之，約略言之而已。至理學家之所謂理則必貫通萬事而無礙乃足以當之蓋就知識言必於萬事萬物無所不曉而其所知乃眞。以行爲言必其所知既眞而所行始可斬其不繆也此等思想在今日科學既明固已知其徒存虛願然在昔日哲學家之願望固多如是職是故理學家之於物理亦多有格致之功以此雖非急務固亦在其學問之範圍內也朱子之好學深思實非尋常理學家所及故於物理探索尤勤發明亦多衡以科學固多不足信然自是當時哲學家一種見解而於其學問宗旨亦多有關係固不可以不知也今試略述其說如下：

朱子推想宇宙之生成，亦以陰陽五行之說為本。其言曰：「天地始初混沌未分時，想只有水火二者水之滓脚便成地今登高而望羣山皆為波浪之狀便是水泛如此只不知因甚麼事凝了。初間極軟後方凝得硬。問：想得如潮水湧起沙相似。曰：然水之極濁便成地火之極清便成風雲雷電日星之屬」又曰：「大抵天地生物先其輕清以及重濁天一生水地二生火二物在五行中最輕清金木重於水火土又重於金木」又論水火木金土之次曰：「竊謂氣之初溫而已溫則蒸溽蒸溽則條達條達則堅凝堅凝則有形質五者雖一有俱有然推其先後之序理或如此。」又曰：「天地初開只是陰陽之氣這一個氣運行磨來磨去磨得急了，便磣許多渣滓裏面無處出便結成個地在中央氣之清者便為天為日月為星辰只在外常周環運轉地便在中央不動不是在下。」又曰：「造化之運如磨上面常轉而不止萬物之生似磨中撒出。有粗有細自是不齊。」又曰：「晝夜運而無息便是陰陽之兩端其四邊散出紛擾者便是游氣生人物之萬殊如磨麵相似其四邊只管層層散出天地之氣運轉無已只管層層生出人物其中有粗有細如人物有偏有正」朱子設想宇宙之生成如此。

又推想宇宙之毁壞。其見地亦與舊說所謂渾沌者同。語類：「問天地會壞否？曰不會壞。只是相將人無道極了便一齊打合混沌一番人物都盡此所謂不壞者即是壞但不斷絕了」或問：天地壞也不壞？曰既有

形氣如何不壞？但一個壞了，便有一個生得來。凡有形有氣，無不壞者。壞已不能不生氣之作用如此」又曰：「萬物渾淪未判陰陽之氣混合幽暗及其既分中間放得開闊光朗，而兩儀始立。卻康節以十二萬九千六百年爲一元，則是十二萬九千六百年之前又是一個大開闢。更以上亦復如此真是動靜無端陰陽無始小者大之影只盡夜便可見。五峯所謂一氣大息震蕩無垠海宇變動山川勃湮人物消盡舊迹大滅是謂鴻荒之世嘗見高山有螺蚌殼或生石中此石卽舊日之土螺蚌卽水中之物下者卻變而爲高柔者却變而爲剛」云「有形有氣無不壞者。天地亦不能不壞壞已不能不生」可見其深信物理規則。又謂「雖壞而不斷絕；動靜無端陰陽無始」則其說雖置之認識論中亦無病矣。

生物之始，朱子亦以意言之。語類：「問初生第一個人時如何？曰以氣化二五之精合而成形釋家謂之化生如今物之化生者甚多如蝨然。」又曰：「生物之初陰陽之精自凝結成兩個一牝一牡後來卻從種子漸漸生去便是以形化。」

張子以鬼神爲二氣之良能，程子以鬼神爲造化之迹，朱子則兼取其說。語類：「問近思錄既載鬼神者造化之迹又載鬼神者二氣之良能似乎重了？曰造化之迹是日月星辰風雨之屬二氣良能是屈伸往來之理」又曰：「且就這一身看自會笑語有許多聰明知識這是如何得恁地虛空之中忽然有風有雨忽然有

雷有電這是如何得恁地這都是陰陽相感都是鬼神看得到這裏見得到一身只是個軀殼在這裏內外無

非天地陰陽之氣如魚之在水外面水便是肚裏面水鰍魚肚裏水與鯉魚肚裏水一般」又曰：「以二氣言，

則鬼者陰之靈也神者陽之靈也以一氣言則至而伸者爲神反而歸者爲鬼日自午以前是神午以後是鬼。

月自初三以後是神十六以後是鬼草木方發生來是神彫殘衰落是鬼人自少至壯是神衰老是鬼鼻息呼

是神吸是鬼」如此則宇宙之間一切現象無非鬼神矣故曰「以功用謂之鬼神以妙用謂之神」

如此則所謂鬼神初不足怪亦不必以爲無何則？不足怪自不待以爲無也。朱子論世俗所謂鬼神怪異

者曰：「雨露風雷日月晝夜此鬼神之迹也此是白日公平正直之鬼神若所謂有嘯於梁觸於胸此則所謂

不正邪暗或有或無或去或來或聚或散者又有所謂禱之而應祈之而獲此亦所謂鬼神同一理也問：伊川

言鬼神造化之迹此豈亦造化之迹乎曰：皆是也若論正理則似樹上忽生出花葉便是造化之迹又如空

中忽然有雷霆風雨皆是也但人所常見故不之怪忽聞鬼嘯鬼火之屬則便以爲怪此亦造化之迹但

不是正理亦非理之所無也。」又曰：「如起風做雨打雷閃電花生花結非有神而何？自不察耳才說見鬼神

事便以爲怪世間自有個道理如此不可謂無特非造化之正耳此爲得陰陽不正之氣不須驚惑所以夫子

不語怪以其明有此事特不語耳。南軒說無便不是」此等說今日觀之未爲得當然在當日無實驗科學可

據；而自古相傳之說，其勢方盛勢難遽斷爲無故雖有哲學思想者，於神怪之說亦多認其有，而以物理釋之。

（如王仲任卽其人也）其說雖未得當然其務以平易可據之理解釋奇怪不可思議之事則固學者所有

事，而與恆人不同者也。

理學家之論鬼神如此。其說，與世俗「人死爲鬼，一切如人，特有形無質」之見，最不相容。自理學家之

論推之可決世俗所謂鬼神者爲無有然古代書籍固多以鬼爲有，宋儒最尊古者也其敢毅然決此藩離乎？

曰朱子固能之矣此說也見於朱子答廖仲晦之書廖氏原書曰：「德明平日鄙見未免以我爲主蓋天地人

物統體只是一性生有此性死遼亡之夫水有所激與所礙則成漚正如二機闔關不已妙合而成人物夫

水固水也漚亦不得不謂之水特其形則漚滅則還復是本水也人物之生雖一形其一性及氣散而滅還復

統體是一而已豈復分別是人是物之性所未者正惟祭享一番推之未行若以爲果饗耶神不歆非類大有

界限與統體還一之說不相似。若曰饗與不饗蓋不必問，但報本之道不得不然，而詩書卻明言神嗜飲食祖

考來格之類則又極似有饗之者竊謂人雖死無知覺知覺之原仍在此以誠感彼以類應若謂盡無知覺之

原只是一片大虛寂則斷滅無復實然之理亦恐未安君子曰終小人曰死則智愚於此亦各不同故人不同

於鳥獸草木愚不同於聖雖以爲公共道理然人須全而歸之然後足以安吾之死不然則人何用求至聖賢？

何用與天地相似？倒行逆施，均於一死，而不害其為人是真與鳥獸禽魚俱壞，憒不知其所存也」廖氏之說，即以所謂鬼者自理論推之不能有然古書明言其有不敢決其為無因而曲生一解以為人死仍有其知覺之原凝然具在不與大化為一雖與世俗之見異實仍未脫乎世俗之見之曰窠也朱子答之曰：「賢者之見所以不能無失者正坐以我為主以覺為性爾夫性者理而已矣乾坤變化萬物受命雖云之在我然其理則非有我之所得私也所以反身而誠蓋謂盡其所得乎己之理則天下萬物之理初不外此非謂盡得我之知覺則衆人之知覺皆是此物也性只是理不可以聚散言其聚而生而死者氣而已矣所謂精神魂魄有知有覺者皆氣之所為也故聚則有散則無若理則初不為聚散而有無也但有是理則有是氣氣聚乎此，則其理亦命乎此耳。不得以水漚比也。鬼神便是精神魂魄；程子所謂天地之功用造化之迹；張子所謂二氣之良能皆非性之謂也故祭祀之禮以類而感以類而應若性則又豈有類之可言邪然氣之已散者既化而無有矣其根於理而日生者則固浩然而無窮也。上蔡謂我之精神即祖考之精神蓋謂此也豈曰一受其成形則此性遂為吾有雖死而猶不滅截然自為一物藏乎寂然一體之中以俟夫子孫之求而時出以饗之邪？必如此說則其界限之廣狹安頓之處所必有可指言者且自開闢以來積至於今其重併積疊計已無地之可容矣。是又安有此理邪？且乾坤造化如大洪鑪人物生生無少休息是乃所謂實然之理不憂其斷滅也。今

乃以一片大虛寂目之，而反認人物已死之知覺謂之實然之理，豈不誤哉又聖賢所謂歸全安死者亦曰：無

失其所受乎天之理則可以無愧而死耳。非以爲實有一物，可奉持而歸之然後吾之不斷不滅者得以晏然

安處乎冥漠之中也。天壽不貳，修身以俟之，是乃無所爲而然者，與異端爲生死事大無常迅速然後學者正

不可同日而語。今乃混而言之以彼之見爲此之說所以爲說愈多而愈不合也。」此論將世俗所謂有鬼之

見摧破殆盡。其曰理無斷滅氣之根於理而日生者浩然而無窮，可見宇宙雖不斷滅而人之自私其身，而不

欲其亡因之強執死後仍有一無體質而有精神之我，純是虛說如此，則既無天堂可歆，亦無地獄可怖，而猶

力求不愧不怍全受全歸可謂無所爲而爲之。其情感或不如信教者之熱，其動機則較之信教者高尚多矣。

然宋學所以僅能爲哲學而不能兼神教之用者亦以此。（古書所謂有鬼者自係世俗迷信之談以理學家

之理釋之，無論如何無有是處。朱子答吳伯豐書曰：「吾之此身即祖考之遺體。祖考之所以爲祖考者蓋具

於我而未嘗亡也。是其魂升魄降雖已化而無有然理之根於彼者，既無止息；氣之具於我者，復無間斷吾能

致精竭誠以求之此氣既純一而無所雜則此理自昭著而不可掩。此其苗脈之較然可覩者也。上蔡云三日

齋七日戒求諸陰陽上下只是要集自家之精神蓋我之精神即祖考之精神在我者既集即是祖考之來格

也。」此說雖勉強調和然幾於即以生人之精神爲鬼神矣）

一〇四

然朱子之說雖妙，而謂氣聚則有散則無又謂氣之已散者化而無有，於理而曰生者浩然無窮則殊與質力不滅之理相背；而與其大鈞播物，一去便休之說同病，實信伊川大過致之也。語類：「橫渠說：形潰反原。以為人生得此個物事既死此個物事，卻復歸大原去又從裏面抽出來生人。如一塊黃泥，既把來做彈子了，卻依前歸一塊裏面去又做個彈子出來。伊川便說是不必以既屈之氣為方伸之氣，若以聖人精氣為物，游魂為變之語觀之，則伊川之說為是。蓋人死則氣散其生也又從大原裏面發出來。」此二說者比而觀之，鬼鬼復為人如此，則天地間只是許多人來來去去更不由造化生生都廢卻無此理也。」此朱子所以不信小程不然也。而朱子顧以程子之說為何哉？蓋由先存一闢佛之見故有此藏語類又曰：「釋氏謂人死為不必科學亦不必森嚴之論理即以常識推斷亦覺張子之說為非以張子能泯有無之見而橫渠之說也殊不知所謂生生只是變化並非自無出有輪迴之說實較伊川之言為合於論理也

朱子既有此藏故於有無聚散分別不甚清楚其論鬼神皆然語類「問人死時這知覺便散否曰不是散是盡了氣盡則知覺亦盡」又曰「神祇之氣常屈伸而不已人鬼之氣則消散而無餘矣其消散亦有久速之異人有不伏其死者所以既死而此氣不散為妖為怪如人之凶死及僧道既死多不散者聖賢則安於死豈有不散而為神怪者乎」又曰：「死而氣散泯然無迹者是其常道理怎地有託生者是偶然聚得氣不

散，又怎生去湊著那生氣便再生然非其常也。」又曰：「氣久必散人說神仙一代說一項，漢世說甚盛期生

至唐以來則不見說了又說鍾離權呂洞賓而今又不見說了。看得來他也養得分外壽考然終久亦散了。」

又曰：「為妖孽者多是不得其死其氣未散若是尫羸病死的人這氣消耗盡了方死豈復更鬱結成妖孽然

不得其死者久之亦散如今打麵做糊中間自有成小塊核不散底久之漸漸也自會散。」麵糊中小塊核可

云散而不可云無，朱子未之思也。（朱子之意蓋以尙有形迹者為散豪無形迹卽尋常人所謂空者為無然

此說殊誤也。）

朱子論人，則以爲魄屬鬼氣屬神其說曰：「人之語言動作是氣屬神精血是魄屬鬼發用處皆屬陽是

神氣定處皆屬陰是魄知識處是神記事處是魄人初生時氣多魄少後來魄漸盛到老魄又少所以耳目

昏精力不強記事不足」此據陰陽立說也又據五行謂水是魄火是魂以左氏有「人生始化曰魄旣生魄，

陽曰魂」之語也。因謂人有魄而後有魂故「魄爲主爲幹。」（案此與邵子「陽有去而陰常居」之說合）

又謂人「精神知覺皆有魄後方有」引周子「形旣生矣神發知矣」之說爲證（周子之意似不謂形神

有先後）又有取於釋氏地水火風之說謂火風是魂地水是魄人之暖氣是火運動是風皮肉屬地涕唾屬

水魂能思量記度運用作爲魄則不能。故人之死也風火先散則不能爲祟」皆據舊說推度而已矣。

理學綱要

一〇六

朱子論性亦宗程子「論性不論氣不備論氣不論性不明」之說其所以謂論性不論氣不備者蓋以確

見人及禽獸其不善確有由於形體而無可如何者也語類曰：「論萬物之一原則理同而氣異觀萬物之異

體則氣猶相近而理絕不同（謂萬物已稟之而爲性之理也）氣相近如知寒暖識饑飽好生惡死趨利避

害人與物都一般理不同如蜂蟻之君臣只是他義上有一點子明；虎狼之父子只是他仁上有一點其

他更推不去大凡物事稟得一邊便占了其他的如慈愛的人少斷制斷制之人多殘忍蓋仁多便遮了那

義義多便遮了那仁」（案此卽無惡只有過不及之說）又曰「惟其所受之氣只有許多故其理亦只有許

多如犬馬他這形氣如此故只會得如此事」此猶今之主心理根於生理者謂精神現象皆形體之作用也

惟其然也故朱子謂人確有生而不善者欲改之極難語類曰：「今有一樣人雖無事在這裏也只

思量要做不好事如蛇虺相似只欲咬人他有甚麼發得善？」又曰「如日月之光在露地則盡見之若在茆

屋之下有所蔽塞則有見有不見在人則蔽塞有可通之理至於禽獸則被形體所拘生得蔽隔之甚無可通

處」朱子之見解如此故曰「人之爲學卻是要變化氣質然極難變化」也此等處朱子以爲皆從氣質上

來蓋朱子以全不著形迹者爲理而謂性卽理則性自無可指爲不善語類曰「氣之精英者爲神金木水火

土非神所以爲金木水火土者是神在人則爲理所以爲仁義禮智信者是也」又曰「人生而靜以上卽是

人物未生時。人物未生時只可謂之理，說性未得此所謂在天爲命也才謂之性便是人生以後此理已墮在

形氣之中不全是性之本體矣。夫如是則所謂性者全與實際相離只是一可以爲善之物又安得謂之不

善，故朱子將一切不善悉歸之於氣也氣何以有不善？朱子則本其宇宙觀而爲言曰：「人所稟之氣雖皆是

天地之正氣然滾來滾去便有昏明厚薄之異」又曰：「天地之運萬端而無窮，日月清明氣候和正之時，人

稟此氣則爲清明渾厚之氣須做個好人若是日月昏暗寒暑反常皆是天地之戾氣人若稟此氣則爲不好

的人。」此朱子謂氣不盡善之由也。「性無氣質卻無安頓處」自朱子觀之，旣落形氣之中，無純粹至善者。

（或問：氣淸的人自無物欲。曰：也如此說不得口之欲味耳之欲聲人人皆然雖是稟得氣淸才不檢束便流

於欲去。）若不兼論形氣則將誤以人所稟之性爲純善而昧於其實在情形矣此所謂論性不論氣不備也。

其謂論氣不論性不明者則以天下雖極惡之人不能謂其純惡而無善。此所謂論性不論氣本非惡，特善之

發而不得其當者耳。朱子論，「惡亦不可不謂之性」曰：「他源頭處都是善因氣偏這性便偏了然此處亦

是性如人渾身都是惻隱而無羞惡都羞惡而無惻隱這個便是惡德這個喚做性邪？不是如墨子之性本是

惻隱孟子推其弊到得無父處這個便是惡亦不可不謂之性也。」然則論氣不論性不但不知惡人之善處，

幷其惡性質亦無由而明矣夫猶是善性也所以或發而得其當或發而不得其當者形質實爲之累此所謂

論性不論氣不備然雖發不得當而猶是可以發其當之物則可見性無二性理無二理。故語類譬諸隙中之日謂「隙之大小長短不同然其所受卻只是此日」又謂「蔽錮少者發出來天理勝；蔽錮多者發出來私欲勝便見本原之理無有不善」也。此而不知其同出一原則於性之由來有所誤會矣。此所謂論氣不論性不明也。

善惡旣同是一性；所謂惡者特因受形氣之累而然夫形氣之累乃後起之事吾儕所見雖皆旣落形氣之性然性卽是理不能謂理必附於形質猶水然置諸欹斜之器則其形亦欹斜不能因吾儕只見欹斜之器遂謂水之形亦欹斜也。故世雖無純善之性而論性則不得不謂之善也。

性旣本善而形氣之累特後起之事則善爲本質而不善實非必然。故曰：「人生都是天理。人欲卻是後來沒把鼻生底。」此說實與釋氏眞如無明之說消息相通可參看第二篇（朱子所謂善者不外本性全不受形氣之累而發出則所謂天理而不然者則所謂人欲也。所謂天理者乃凡事適得其當之謂此卽周子之所謂中朱子曰：「有個天理便有個人欲蓋緣這天理須有個安頓處才安頓得不恰好便有人欲出來」安頓得恰好卽周子所謂中守此中而勿失則周子所謂靜也。故朱子之學實與周子一脈相承者也。○安頓得恰好者朱子曰：「飲食天理也要求美味人欲也」設喻最妙）

朱子論性之說如此。蓋其所謂善者標準極高，非全離乎形氣，不足以當之，故其說如此。因其所謂善者，標準極高，故於論性而涉及朱子之所謂氣者，無不加以駁斥；而於程張氣質之說程子性卽理之言極稱其有功於聖門，有補於後學蓋論性一涉於氣質卽不免雜以人欲之私不克與朱子之所謂善者相副而朱子之所謂性者實際初無其物，非兼以氣質立論將不能自圓其說也。（朱子評古來論性者之說謂「孟子恐人謂性元來不相似，遂於氣質內挑出天之所命者說性無有不善。荀子只見得不好底揚子又見得半上半下底韓子所言，卻是說得稍近惜其少一氣字性那裏有三品來？」「以氣質論則凡言性不同者皆冰釋矣」「氣質之說起於張程極有功於聖門，有補於後學」又謂「程先生論性只云性卽理也豈不是見得明真有功於聖門」）○朱子之堅持性卽理而力闢混氣質於性亦由其欲闢佛而然故曰「大抵諸儒說性多說著氣。如佛氏亦只是認知覺作用爲性」知覺作用固朱子所謂因形氣而有者也）

人之一生兼備理氣二者其兼備之者實爲心故朱子深有取於橫渠「心統性情」之說以爲顛撲不破又詳言之曰：「性者心之理。情者性之動心性情之主。」又譬之曰：「心如水性猶水之靜情則水之流欲則水之波瀾。」（又曰：「心如水情是動處愛卽流向去處」又以「心爲大極心之動靜爲陰陽」）孟子所謂四端，朱子謂之情曰：「性不可言所以言性善者只看惻隱辭遜四端如見水流之清則知源頭必清矣。」心兼

動靜言，則動靜皆宜致養，故朱子曰：「動靜皆主宰，非靜時無所用，至動時方有主宰。」又謂「惟動時能順

理則無事時能靜，靜時能存，則動時得力須是動時也做工夫，靜時也做工夫。」

朱子論道德，亦以仁為最大之德，靜為求仁之方，其仁說謂「仁者仁之本體，禮者仁之節文，義者仁之

斷制。知者仁之分別。信以見仁義禮智實有此理，必先有仁然後有義禮智，信故以先以大，後言之則仁為先以大

小言之則仁為大」又謂「明道聖人以其情順萬物而無情說得最好」（語類曰「動時靜便在這裏順理

而應則雖動亦靜不順理而應則雖塊然不交於物亦不能得靜」順理而應，即所謂以其情順萬物而無情

也）至於實行之方，則亦取伊川「涵養須用敬進學在致知」二語，而於用敬則提出求放心三字於致知，

則詳言格物之功，實較伊川言之，尤為親切也。

中庸曰「喜怒哀樂之未發謂之中發而皆中節謂之和中也者天下之大本也和也者天下之達道也」

龜山門下以「體認大本」為相傳指訣謂執而勿失自有中節之和。朱子以為少偏謂「才偏便做病道理

自有動時自有靜時學者只是敬以直內義以方外見得世間無處不是道理不可專要去靜處求所以伊川

謂只用敬不用靜便說平也」又云「周先生只說一者無欲也這話頭高卒急難湊泊尋常人如何便得無

欲故伊川只說個敬字教人只就這敬字上捱去庶幾執捉得定有個下手處要之皆只要人於此心上見得

分明，自然有得爾然今之言敬者，乃皆裝點外事不知直截於心上求功。逐覺累墜不快活。不若眼下於求放心處有功則尤得力也」此朱子主敬之旨也（又曰「敬有死敬有活敬若只守著主一之敬遇事不濟之以義而不活熟後敬便有義義便有敬。靜則察其敬與不敬動則察其義與不義敬義夾持循環無端則內外透澈」）。

其論致知，則盡於大學補傳數語。其言曰：「人心之靈，莫不有知。而天下之物莫不有理惟於理有未窮，故其知有不盡也。是以大學始教必使學者即凡天下之物莫不因其已知之理而益窮之以求至乎其極至於用力之久而一旦豁然貫通焉則眾物之表裏精粗無不到；而吾心之全體大用無不明矣」此數語謂理不在心而在物最為言陽明之學者所詆訾然平心論之實未嘗非各明一義至於致知力行，朱子初未嘗偏廢謂朱子重知而輕行，尤誣詆之辭也今摘錄語類中論知行之語如下：

《語類》曰：「動靜無端，亦無截然為動為靜之理且如涵養致知何所始謂學莫先於致知，是知在先。又曰：「未有致知而不在敬者則敬亦在先從此推去只管恁地」是朱子初未嘗謂知在先行在後也又曰：「自家若得知是人欲蔽了便是明處只這上便緊着力主定一面格物」是朱子實謂力行致知當同時並進也又曰：「而今看道理不見不是不知只是為物塞了而今粗法須是打疊了胸中許多惡雜方可」則并謂

治心在致知之前矣又曰：「方其知之而未及行之，則知尚淺旣親歷其域，則知之益明，非前日之意味。」則

知必有待於行，幾與陽明之言，如出一口矣。又朱子所謂格物致知乃大學之功，其下尚有小學一段工夫論

朱子之說者亦不可不知。朱子答吳晦叔曰：「夫泛論知行之理而就一事以觀之則知之爲先行之爲後無

可疑者。然合夫知之淺深行之大小而言則非有以先成乎其小亦將何以馴致乎其大者哉蓋古人之教自

其孩幼而教之以孝悌誠敬之實及其少長而傳之以詩書禮樂之文皆所以使之卽夫一事一物之間各有

以知其義理之所在而致涵養踐履之功也及其十五成童學於大學則其灑掃應對之間禮樂射御之際所

以涵養踐履之者略已小成矣於是不離乎此而教之以格物以致其知焉致知云者因其所已知者推而致

之以及其所未知者，而極其至也今就其一事之中而論之則先知後行固各有其序矣。誠欲因夫小大之成，

以進乎大學之始則非涵養踐履之有素亦豈能以其雜亂紛糾之心而格物以致其知哉故大學之書雖以

格物致知爲用力之始然非謂初不涵養踐履而直從事於此也又非謂物未格知未至則意可以不誠心可

以不正身可以不脩家可以不齊也若曰必俟知至而後可行則夫事親從兄承上接下乃人生所一日不能

廢者豈可謂吾知未至而暫輟以俟其至而後行之哉？讀此書而朱子於知行二者無所輕重先後可以曉

然矣。

偏重於知之說，朱子亦非無之。如曰：「講得道理明時自是事親不得不孝，事兄不得不弟交朋友不得不信」論前人以黑白豆澄治思慮（起一善念則投一白豆於器中起一惡念則投一黑豆於器中）曰「此則是個死法若更加以讀書窮理底工夫則去那般不正底思慮何難之有？皆以為知即能行（惟此所謂知者亦非全離於行必且力行且體驗乃能知之）蓋講學者大抵係對一時人說話陽明之時理學既已大行不患此理之不明惟患知之而不能有之於己故陽明救以知行合一之說若朱子之時則理學尚未大行，知而不行之弊未著惟以人之不知為患故朱子稍側重於知。此固時代之異不足為朱子之諱更不容為朱子咎朱子、王子未必不易地皆然也讀前所引朱子論知行之說正可見大賢立言之四平八穩不肯有所偏重耳（在今日觀之或以為不免偏重然在當日則已力求平穩矣必先尚論其世乃可尚論其人凡讀先賢之書皆然亦不獨朱子也）

以上為朱子學說之大略其與他家辯論之語別於講他家之學時詳之。

朱子之不可及處實在其立身之剛毅進學之勇猛今錄其言之足資激發者如下。俾學者知所矜式焉。

語類曰：「事有不當耐者豈可常學耐事學耐事其弊至於苟賤不廉學者須有廉隅牆壁便可擔負得大事去如子路世間病痛都沒了親於其身為不善者不入此大者立也」又曰：「恥有當忍者有不當忍者今有

一樣人不能安貧，其氣錯屈以至立腳不住，亦何所不至？因舉呂舍人詩云：逢人即有求，所以百事非。」又曰：

「學者常常以志士不忘溝壑為念，則道理重而計較死生之心輕矣。況衣食至微末事，不得亦未必死，亦何用犯義犯分役心役志以求之邪？某觀今人因不能咬菜根而至於違其本心者眾矣！可不戒哉？惟君子然後知義理之必當為與義理之必可特利害得失既無所入於其心，而其學又足以應事物之變，是以氣勇謀明，無所惴惴不幸蹉跌死生以之，小人之心一切反是。」答劉季章曰：「天下只有一理，此是即彼非，此非即彼是，不容並立。故古之聖賢心存目見只有義理都不見有利害可計較日用之間應事接物直是判斷得直截分明。而推以及人吐心吐膽亦只如此，更無回互。若信得及，即相與俱入聖賢之域。若信不及，即在我亦無為人謀而不盡的心。而此理是非昭然明白；今日此人雖信不及，而向後他人須有信得及底，非但一人之計也。若如此所論則在我者，未免視人顏色之可否以為語默只此意思，何由能使彼信得及乎以上數條皆足見朱子立身之剛毅國有道不變塞焉國無道之死不變真足使貪夫廉懦夫有立志也其論進學之語云「書不記熟讀可記義不精細思可精惟有志不立直是無著力處只如而今貪利祿而不貪道義要作貴人而不要作好人皆是志不立之病直須反覆思量究見病痛起處勇猛奮躍不復作此等人。一躍躍出見得聖賢所說，千言萬語都無一事不是實語方始立得此志就此積累工夫迤邐向上去大有事在。」又曰：「直須抖擻精

神，莫要昏鈍。如救火治病然豈可悠悠歲月？」又曰：「學者讀書，須是於無味處致思。至於群疑並與，寢食俱

廢乃能驟進因歎驟進二字最下得好。是如此若進得些子或進或退若存若亡不濟事。如用兵相殺爭得

些兒小可一二十里地也不濟事須大殺一番方是善勝」以上數條皆足見朱子進學之勇猛亦能玩時惕

日者讀之悚然汗下。固知一代大儒，其立身行己必有異於尋常人之處也凡我後學可不懷見賢思齊之念

哉？

篇九　象山之學

一種學問，必有其興起之時亦必有其成熟之時與起之時往往萬籟爭鳴衆源竝發至成熟之時，則漸

匯爲一二派。北宋之世蓋一種新哲學與起之時南宋之世則漸就成熟之時也。其時講學有名者乾淳三先

生而外當推陸象山。乾淳三先生：呂之學較粗其後逐流爲永嘉永康兩派。雖可謂獨樹一幟然存宋代學派

中，不過成割據之局。南軒之學與朱子大同并不能獨樹一幟。（南軒亦主居敬窮理惟稍側重於居敬耳其

說謂「必先從事於敬使人欲寢除乃可以言格物否則辨擇於發見之際恐不免於紛擾」案此等議論朱

子亦非無之。朱子謂「南軒伯恭之學皆疏略南軒疏略從高處去伯恭疏略從卑處去」蓋謂其操持之功

稍欠。至其學問宗旨則無甚異同也。）其與朱學對峙，如晉楚之爭霸中原者，則象山而已。

朱子謂「上蔡之說，一轉而為張子韶」張子韶一轉而為陸子靜」又謂「上蔡說仁說覺分明是禪」

又云：「如今人說道愛從高妙處說，便入禪去。自上蔡以來已然」又謂「明道說話渾淪然太高學者難看。」

又云：「程門高第，如謝上蔡游定夫、楊龜山稍皆入禪學去。必是程先生當初說得高了，他們只睹見上一截，

少下面著實工夫故流弊至此」然則象山之學實遠承明道（象山不甚稱伊川而稱明道處極多。）蓋道

理自有此兩派，至南宋眾流漸匯時朱陸各主其一也（上蔡以有知覺痛癢為仁又曰「桃杏之核為種而

生者謂之仁言有生之意。」又曰：「堯舜湯武事業只是與天理合一幾曾做作蓋世的功業如太空中一點

雲相似他把做甚麼？」說皆極似象山然實自明道識仁、定性篇出）

朱陸之異，象山謂「心即理，」朱子謂「性即理」而已。惟其謂性即理，而心統性情也，故所謂性者，雖

純粹至善；而所謂心者則已不能離乎氣質之累，而不免雜有人欲之私。惟其謂心即理也，故萬事皆具於吾

心；吾心之外更無所謂理理之外更無所謂事。一切工夫只在一心之上二家同異後來雖枝葉繁多而溯厥

根源則惟此一語而已。

象山年譜云：「象山三四歲時思天地何所窮際不得至於不食父呵之，乃姑置，而胸中之疑終在後十

餘歲讀書，至宇宙二字解者曰：四方上下曰宇，往古來今日宙。忽大省曰：元來無窮人與天地萬物皆在無窮之中者也。乃援筆書曰：宇宙內事乃己分內事，己分內事乃宇宙內事。又曰：宇宙便是吾心，吾心即是宇宙。東海有聖人出焉此心同此理同也。西海有聖人出焉此心同此理同也。南海北海有聖人出焉此心同此理同也。千百世之上有聖人出焉此心同此理同也。千百世之下有聖人出焉此心同此理同也。」象山之攝萬有於一心自小時已然矣。

惟其然也故象山之學極爲「簡易直截。」（此陽明稱之之語。）其言曰：「道徧滿天下，無些小空闕。」此理充塞宇宙，所謂道外無事事外無道。舍此而別有商量別有趨向，別有規模別有形迹別有行業別有事功，則與道不相干，則是異端則是利欲謂之陷溺謂之自竊說只是邪說見只是邪見」此言欲做工夫惟有從事於一心也。又曰：「涓涓之流積成江河。泉源方勳雖只有涓涓之微，卻有成江河之理若能不舍晝夜如今雖未盈科，將來自盈科，如今雖未放乎四海將來自放乎四海然學者不能自信見夫標末之盛者便自荒忙舍其涓涓而趨之，卻自壞了。曾不知我之涓涓雖微卻是真彼之標末雖多卻是僞恰似儋水來其涸可立而待也。」此言從事於此一途者之大可恃也。象山嘗曰：「余於踐履未能純一然才自警策便與天地相似」又語學者：

「念慮之不正者，頃刻而知之卽可以正念慮之正者頃刻而失之，卽可不正。」又謂：「我治其大而不治其小一正則百正。」誠不愧簡易直截矣。

象山之學實陽明所自出故其言有極相似者如曰：「人精神在外至死也勞攘須收拾作主宰收得精神在內當惻隱卽惻隱當羞惡卽羞惡誰欺得你？誰瞞得你」居象山多告學者曰：「汝耳自聰目自明事父自能孝事兄自能弟本無欠闕不必他求。在自立而已」皆與陽明如出一口。

象山之學以先立乎其大者爲主故於傍人門戶無所自得者深鄙視之於包藏禍心作僞於外者，尤所痛絕。其言曰「志於聲色貨利者固是小劚摸人之言語者與他一般是小」又曰：「學者須是打疊田地淨潔然後令他奮發植立若田地不淨潔則奮發植立不得亦讀書不得若讀書則是藉寇兵資盜糧」象山非謂不當讀書亦非謂不當在事上磨練特如吾儕今日之居心則自象山視之皆不足讀書亦不足磨練者耳。

所謂先立乎其大者也。

象山與陽明，學皆以心爲主，故有心學之稱。凡從事於心學者，其於外務必較疏自省之功則較切其能發覺心之病痛亦較常人爲深故其言多足發人深省象山策勵人之語曰：「要當軒昂奮發莫恁地沉埋在卑陋凡下處」又云「罷難終日營營無超然之意須是一刀兩斷何故營營如此營營底討個甚麼？」此等

語，真是暮鼓晨鐘，令吾輩日在世情路上討生活者，悚然汗下矣。陸子之訪朱子於南昌也，朱子請登白鹿洞

講席，講君子喻於義一章。後刻其文於石其言曰：「此章以義利判君子小人辟旨曉白然讀之者苟不切己

觀省恐亦未能有益也某平日讀此不無所感竊謂學者於此當辨其志。

志乎義則所習者必在於義所習在義斯喻於義矣；志乎利則所習者必在於利所習在利斯喻於利矣。故學

者之志不可不辨也科舉取士久矣名儒鉅公皆由此出今為士者固不能免此然場屋之得失顧其技與有

司好惡如何耳非所以為君子小人之辨也而今世以此相尚使汩沒於此而不能自拔則終日從事者雖曰

聖賢之書而要其志之所鄉則有與聖賢背而馳者矣推而上之則又惟官資崇卑祿廩厚薄是計豈能悉心

力於國事民隱以無負於任使之者哉從事其間更歷之多講習之熟安得不有所喻顧恐不在於義耳誠能

深思是身不可使之為小人之歸其於利欲之習怵焉為之痛心疾首專志乎義而日勉焉博學審問慎思明

辨而篤行之由是而進於場屋其文必皆道其平日之學胸中之蘊而不詭於聖人由是而仕必皆供其職勤

其事心乎國心乎民而不為身計其得不謂之君子乎」此文滑口讀過亦只平平細思之真乃一棒一條痕

一摑一掌血宜乎朱子謂其「切中學者隱微深痼之病」而能令聽者悚然動心至於泣下也夫鈞是人也

或為大人或為小人何也流俗不察或曰是地位為之遭際為之斯固然也然人即至貧至賤必有可以自奮

之途何以幷此而不能為解之者或曰人固有智愚賢不肖之不同，天限之也斯固然也然尚論古人縱觀竝世或則立德或則立功或則立言，其天資高於我者固多才智僅與我等者亦自不乏，而何以彼有成而我無成？解者將曰：彼學焉我未嘗學。彼學我何以不學？流俗或又將曰：地位為之遭際為之。然則我之地位我之遭際果所成就者必止於我之今日而我之所以自靖者已豪髮無遺憾乎？無論何人不敢應曰然也。推論至此則圖窮而匕首見矣。天下儘有在同一境地中彼之所見此則不見；彼之所聞者否則同在一學校中所讀之書同也所師所友亦相同因天資之高下學業成就有淺深大小可也；而何以或為聖賢或為豪傑或為中庸或且入於下流哉無他初則好惡不同因好而趨之因惡而去之久之則所趨者以習焉而愈覺其便安雖明知其非而不能去甚或入鮑魚之肆久而不知其臭所惡者以不習焉而日益荊棘雖明知其善亦無由自奮以趨之甚或幷不知其善矣此則陸子所謂所喻由其所習所志由其所志者也八徒見兩方向相反之線引而愈遠而惡知其始之發自一點哉吾儕今日所志果何如乎？誠有如陸子所謂先立必為聖賢之志者乎抑亦如陸子所謂從事聖賢之書而志之所向則與聖賢背馳者乎？由前之說則即陸子所謂才自警策便與天地相似者何善如之？由後之說則豈徒不能上進為聖賢誠恐如陸子所云更蹈愈多講習愈熟所喻愈深而去聖賢且益遠也可不懼哉？

工夫既惟在一心，則從事於學者，首須將「田地打掃潔淨」。然此事最難。陸子曰：「人心只愛去泊著事。教他棄事時，如猢猻失了樹更無住處。」又曰：「內無所累外無所累，自然自在才有一些子意便沈重了。」（恆人所好不越聲色貨利名位之私。終日泊著事則如羲雞之終日營營，無超然之意矣凡事無根株盡絕最難世非無自謂能超然於利欲之外者然試一自檢勘果能無一些子意，而免於陸子所謂沉重之患者乎不可不深自省也。）謂此義也。然此自謂不可牽累於物欲至於心地澄澈然後去理會事物則非徒無害抑且有益所謂「大綱提掇來細細理會去」也。（所謂先立乎其大者也。）又人之所知固由其最初意之所向然所知愈多故知識亦不可以已陸子曰：「夫子曰吾十有五，而志於學今千百年無一人有志也是怪他不得志個甚底？須是有智識然後有志願。」又曰：「人要有大志常人汨沒於聲色富貴間，良心善性都蒙蔽了今人如何便解有志須先有智識始得」祇陸王之學者每謂其盡棄萬事專主一心其實殊不然也。（朱子語錄：「子靜只是拗伊川云惟其深喻是以篤好子靜必要云好後方喻。看來人之於義利喻而好也多若全不曉又安能好然好之則喻矣畢竟伊川說占得多」案喻而後好好而後喻自常言之。兩說皆通莫能相破必深論之，則好之與喻原係一事不過分為兩語耳此亦見陽明知行合一之說之確也。）

朱陸異同，始於淳熙三年乙未鵝湖之會，而成於乙巳丙午之間。乙未之歲，朱子年四十六，象山年三十七。東萊以二家講學有異同，欲和會之，約會於信州之鵝湖寺。朱子及復齋、象山皆會。象山語錄：「先兄復齋謂某曰：伯恭約元晦爲此集，正爲學術異同。某兄弟先自不同，何以望鵝湖之同？先兄遂與某議論致辯，又令某自說。至晚罷，先兄云：子靜之說是。次早某請先兄說。先兄云：某無說，夜來思之，子靜之說極是。方得一詩：孩提知愛長知欽，古聖相傳只此心。大抵有基方築室，未聞無址忽成岑。留情傳注翻榛塞，著意精微轉陸沈。珍重友朋勤琢切，須知至樂在於今。某云：詩甚佳，但第二句微有未安。先兄云：說得恁地，又道未更要如何？某云：不妨一面起行，某沿途卻和此詩。及至鵝湖，伯恭首問先兄別後新功。先兄舉詩才四句，元晦顧伯恭曰：子壽早已上子靜船了也。舉詩罷，遂致辯於先兄。某途中和得家兄此詩：墟墓興哀宗廟欽，斯人千古不磨心。涓流積至滄溟水，卷石崇成泰華岑。易簡工夫終久大，支離事業竟浮沈。舉詩至此，元晦失色。至末二句云：欲知自下升高處，真偽先須辨只今。元晦大不懌。於是各休息。翌日二公商量數十折，議論來莫不悉破其說。繼日凡致辯，其說隨屈。伯恭甚有虛心相聽之意，竟爲元晦所尼。」所謂議論數十折者，悉已不可得聞。惟

象山年譜謂：「鵝湖之會論及教人，元晦之意，欲令人泛觀博覽而後歸之約；二陸之意，欲先發明人之本心，而後使之博覽。朱以陸之教人爲太簡，陸以朱之教人爲支離」而已。朱子年譜曰：「其後子壽頗悔其非，而

子靜終身守其說不變」案子壽以五年戊戌,訪朱子於鉛山是歲,朱子與呂伯恭書曰:「近兩得子壽兄弟

書,卻自訟前日偏見之說不知果如何?」庚子,東萊與朱子書曰:「陸子壽前日經過,留此二十餘日幡然以

鵝湖所見爲非甚欲著實看書講論心平氣下,相識中甚難得也」是歲九月,子壽辛卒朱子祭之以文有曰「別

未幾時兄以書來審前說之定曰子言之可懷逮子辭官而未獲停驂道左之僧齋兄乃枉車而來相與極

論而無猜。自是以還道合志同」云云此所謂子壽頗悔其非者也,象山則庚子朱子答呂伯恭書曰「其徒

曹立之者來訪持得子靜答渠書與劉淳叟書卻說人須是讀書講論然則自覺其前說之誤矣,但不肯翻然

說破今是昨非之意,依舊遮前掩後巧爲詞說。」又一書云「子靜似猶有舊來意思。聞其門人說子壽言其

雖已轉步而未曾移身,然其勢久之亦必自轉回思鵝湖論時,是甚氣勢今何止十去七八邪?」案陸子但

欲先發明人之本心,而後使之博覽,非謂不必讀書講論,則朱子謂其自覺前說之誤,實屬億度之辭,在陸子,

初未嘗改,故辛丑朱子答呂伯恭書:「謂子靜近日講論,比舊亦不同。但終有未盡合處」又一書云:「子靜

舊日規模終在」此則所謂子靜終身守其說不變者也。朱子癸卯答項平父書曰:「大抵子思以來教人之

法,惟以尊德性道問學兩事爲用力之要。今子靜所說,專是尊德性事,而熹平日所論,卻是道問學上多了所

以爲彼學者多持守可觀,而看得義理全不仔細又別說一種杜撰道理遮蓋,不肯放下而熹自覺雖於義理

不敢亂說卻於緊要爲己爲人上多不得力。今當反身用力，去短截長，集思廣益庶幾不墮一邊耳」又答陳膚仲書「陸學固有似禪處然鄙意近覺婺州朋友專事見聞而於自己身心全無功夫所以每勸學者兼取其善要得身心稍稍端靜方於義理知所抉擇吾道之衰正坐學者各守己偏不能兼取衆善所以終有不明不行之弊。」丙午答陸子靜書「道理雖極精微然初不在耳目見聞之外是非黑白即在面前此而不察，乃欲別求玄妙於意慮之表亦已誤矣邇來日用工夫頗覺有力。無復向來支離之病甚恨未得從容面論未知異時相見尚復有異同否耳」雖仍各持一說議論頗極持平循是以往未必不可折衷和會然癸卯歲朱子撰曹立之墓表陸子之徒謂攻其短頗爲不平丙午朱子答程正思書又謂「去年因其徒來此狂妄凶狠，手足盡露乃始顯然鳴鼓攻之。」而關陸學之語又多矣然及淳熙十五年戊申無極太極之辯詞氣雖少忿戾，究仍以辨析學術之意爲多蓋朱陸兩家學問途轍雖或不同其辨論亦止於是至於入主出奴叫囂狂悖甚有非君子之詞者則其門下士意氣用事者之失；及後世姝姝暖暖者推波助瀾之爲之也。

朱子之學所以與陸子異者？在陸子以心爲至善而朱子則謂心雜形氣之私必理乃可謂之至善故語錄謂「陸子靜之學千般萬病只在不知有氣稟之雜把許多粗惡的氣都把做心之妙理合當恁地自然做將去」也其所以一認心爲至善一以心爲非至善者則以陸子謂理具於心朱子謂理在心外陸子曰「天

理人欲之言，亦不是至論若天是理，人是欲，則天人不同矣此其原蓋出於老氏樂記曰：人生而靜天之性也。

感於物而動性之欲也。物至知知然後好惡形焉不能反躬天理滅矣天理人欲之言，亦

根於老氏」排天理人欲之說即謂理出於心也。朱子曰：「古人之學所貴於存心者蓋將推此以窮天下之

理今之所謂識心者乃欲恃此而外天下之理。」（答方賓王書。）則明謂理在心之

內外雖異而其謂理之當順則同陸子與朱濟道書曰「此理在宇宙間未嘗有所隱遁天地之所以為天地

者順此理而無私焉耳人與天地立為三極安得自私而不順此理哉」其說與朱子初無以異此其所以

途轍雖殊究為一種學問中之兩派也。

劉蕺山曰：「世言上等資質人宜從陸子之學下等資質人宜從朱子之學吾謂不然惟上等資質然後

可學朱子以其胸中已有個本領去做零碎工夫條分縷析亦自無礙若下等資質，必須識得道在吾心不假

外求有了本領方去為學不然只是向外馳求誤卻一生矣。」又曰：「大抵諸儒之見或同或異多係轉相偏

矯因病立方盡是權教至於反身力踐之間未嘗不同歸一路。」黃黎州明儒學案發凡曰：「學問之道以各

人自用得著者為真凡倚門傍戶依樣葫蘆者非流俗之士則經生之業也此編所刊有一偏之見有相反之

論。學者於其不同處正宜著眼理會所謂一本而萬殊也以水濟水豈是學問？」此數條皆足為爭朱陸異同

者，痛下鍼砭。

象山之學當以慈湖爲嫡傳而其流弊亦自慈湖而起。象山常說顏子克己之學其所謂克己者，非如常

人，謂克去利害忿欲之私也乃謂於意念起時將來克去意念克去則還吾心體之本然此心本廣大無邊純

粹至善功力至此則得其一萬事畢矣。慈湖嘗撰己易謂天地萬物皆一道卽易卽吾心（大旨謂「天

者吾性中之象地者吾性中之形在天成象在地成形皆吾之所爲也坤者乾之兩者也其他六卦乾之錯綜

者也故舉天下非有二物」）此卽象山「宇宙內事皆己分內事己分內事乃宇宙內事」之說也又謂人

當以天地爲己，不當以耳目鼻口爲己，此則克去己私之本蓋人與道本一（道與天地萬物爲一）所以隔

之者乃私意而私意由形體而起也。「卽由我而起」職是故慈湖之學以「不起意」爲宗所謂意者慈湖

謂其狀不可勝窮。「窮日之力窮年之力縱說橫說廣說備說不可得而盡」要之由己而起者皆是（以形

體爲己之己）然則心與意奚辨曰：「一則爲心二則爲意。直則爲心支則爲意。通則爲心阻則爲意」（卽

以天地萬物爲一體爲心物我相對待爲意）人心本與道一意則蔽之。故須將意克盡心體乃復見也人之

惡何一非由意而起苟能從此克去則一切惡一掃而空此誠最根本之義亦最簡易之法矣。然此語談何容

易？吾人自旦之暮自暮至旦刻刻不斷生息於意念之中者旣非一日加以衆生業力相薰相染直是意卽我，

我即意一朝覺悟，而欲克去所費功力，蓋十百千萬於建立事功研求學問者而未有已也能見及此，不過覺悟之始。自此以往功力方將無窮。而慈湖以救當時學者沉溺於訓詁詞章之習所說多在絕意明心而不及於斬艾持守。及門弟子遂以入門義爲究竟法偶有所見即以爲道在是。而不復加省察克治之功。後來王門之弊亦多如是。此則自謂得心體之本然而不知其仍息於意念之中也。(己易:「昏者不思而遂己可乎日:正恐不能遂己誠遂己則不學之良能，不慮之良知我所自有也仁義禮知我所自有也萬善自備也百非自絕也;意必固我，無自而生也雖堯、舜、禹、湯、文、武、周公、孔子何以異於是？」此中正恐不能遂己一句，最須注意。

○袁絜齋稱慈湖:「平生踐履無一瑕玷處閨門如對大賓在闇室如臨上帝年登耄耋兢兢敬謹未嘗須臾放逸」。此固學者之誤不能以咎慈湖。然慈湖立教之少偏似亦不能辭其責矣。袁絜齋宗旨與慈湖同然其教人謂「心明則本立。」又謂「當精思以得之兢業以守之」似較慈湖爲周備也。

篇十 浙學

理學何學也?談心說性初不切於實際，而其徒自視甚高世之言學問者，苟其所言，與理學家小有出入，則理學家必斥爲俗學與之斤斤爭辯其所爭者不過豪釐之微而其徒視之不翅丘山之重此果何義哉?果

其別有所見歟?抑實無所有,而姑枵然以自大也?

隨事應付常人本自能之哲學家所以異於常人者,乃在每一問題必追究到底,而不肯作就事論事之語。此義前已言之理學亦一種哲學也。故理學之異於尋常學問者在於澈底。(以一種學問與尋常人較,尋常人之所言,恆不澈底。而學問家之所言,恆較澈底。以尋常學問與哲學較則尋常學問之所言,恆不澈底,而哲學家之所言,恆較澈底。故以尋常人與言學問者較猶以尋常學問與哲學較也。)澈底即追究到底之謂也。理學家就宇宙間事物追究到底,而得其不易之則焉即其所謂理也。此理也,自理學家言之,則亙古今而不變通世界而無二大之至於書契所不能紀巧曆所不能窮,而莫之能外小之至於耳目所不能聽睹心思所不能想象,而亦不能不由天下事由之則是背之則非。一切學問議論與此合者看似迂曲實甚迅捷;看似背繆實極的當而不然者則皆似是而非,而之雖可得近功而隱禍實已伏於其後者也。是則所謂俗學也已。(理學家曰言天理而不能用諸人事是謂虛無,是謂異學言人事而不本之於天理是為粗淺,是為俗學)

職是故理學家之行事不求其有近功而必求其根柢上無絲毫破綻所以貴王賤霸者以此以一身論,亦必反諸己而無絲毫之慊而後可以即安否則雖功蓋天下澤被生民猶為襲取猶為徼幸也(理學家所以不肯輕出身任天下事者有二義(一)己不正必不能善事朱子謂「多只要求濟事不知自身不立事決

不能成。自心若有一毫私意未盡皆足敗事」是也。（一）則論至精微處，天下至當不易之理，如幾何學之只

有一點此一點稍偏即不是即必有後禍而有心爲善即已偏而與此點離矣。鄒聚所曰：「今人要做忠臣的，

只倚著在忠上便不中了。爲此驚世駭俗之事便不庸了自聖人看還是索隱行怪」理學家之精神專注於

內事事求其至當不易，故覺得出身任事之時甚難）理學家之見解如此其言自不能不與尋常人大異尋

常人目爲迂曲爲背繆彼正忻然而笑以世人爲未足與議也

理學家之議論自理論言之固亦無以爲難然天下事理至無窮也凡事必從根柢上做起不容絲豪苟

且，固是一理然必先撐持目前根柢上事，乃可徐圖亦是一理（如謂產當公不當私豈非正論然專將目前

社會破壞，共產之蘄望豈遂得達欲求共產矣世界大同豈非美事然欲躋世界

於大同必先自強其國若效徐偃宋襄之爲轉足爲世界和平之累也）以一人言之必自己所學十分到家，

乃可出而任事又必事事照吾主張做去不容有絲豪委曲乃得免於枉尺直尋之誚而其事亦無後災固是

一理然如此則天下將永無可爲之日而吾身亦永無出而任事之時以天下爲己任者正不容如此其拘亦

是一理由前之說則理學家之所以自處。由後之說則非理學者之所以難理學家也。宋時所謂浙學者即如

此。

浙學分永嘉永康二派。永嘉一派道原於薛艮齋而大成於葉正則。與宋時所謂理學者，根本立異。永康

一派道原於呂東萊，變化於其弟子約及陳同甫。其所爭者則以理學家所謂天理範圍太隘而欲擴而充之

也。今略述其說如下：

薛艮齋問學於袁道潔，袁道潔問學於二程，故永嘉之學亦出伊洛。艮齋好言禮樂兵農，而學始稍變。陳

君舉繼之，宗旨亦與艮齋同。不過講求實務期見諸施行而已。（君舉頗主周官謂不能以王安石故因噎

廢食。）於伊洛宗旨未嘗顯有異同也。至葉水心出而其說大變。水心之意以爲聖人之言必務平實，凡幽深

玄遠者皆非聖人之言。理學鉅子當推周、張、二程，其哲理皆出於易。故水心於易，力加排斥，惟象象係孔子

作十翼不足信。而後儒講誦於此獨多。魏晉而後既與老莊並行，號爲孔老。佛說入中國亦附會謂十翼於是儒

釋又並稱。使儒與釋老相雜者皆十翼爲之世之好言十翼者皆援儒以入釋老者也。有范巽之者（名育，邠

州三水人。）受業於橫渠而其序正蒙謂其以「六經所未載聖人所不言者，與浮屠老子辯實爲寇盜設郛

郭助之扞禦」。水心深然其說謂浮屠之道非吾道學者援大傳「天地絪縕」「通晝夜之道而知」「不

疾而速不行而至」；子思「誠之不可掩」；孟子「大而化聖而不可知」而曰：吾所有之道固若是實陽儒

而陰釋者也。案宋儒之論究與易意合否，誠難斷言然一種學問必有其哲學上之根據儒亦當時顯學安得

無之如水心言凡高深玄遠之說，悉出後人附會，則孔子乃一略通世故止能隨事應付之人乎？必不然矣。

宋時有道統之說，其思想蓋遠源於孟子，而近接韓退之孟子曰：「五百年必有王者興其間必有名世者」。又曰：「由堯舜至於湯五百有餘歲若禹、皋陶則見而知之若湯則聞而知之。由湯至於文王五百有餘歲若伊尹萊朱則見而知之若文王則聞而知之。由文王至於孔子五百有餘歲若大公望散宜生則見而知之若孔子則聞而知之。由孔子而來至於今百有餘歲去聖人之世若此其未遠也近聖人之居若此其甚也然而無有乎爾則亦無有乎爾」孟子屢言願學孔子又曰：「予未得為孔子徒也予私淑諸人也」又曰「由周而來七百有餘歲矣以其數則過矣以其時考之則可矣！夫天未欲平治天下也如欲平治天下當今之世舍我其誰也」蓋隱然自附於見知孔子之列，而以名世之任自期。韓氏原道曰：「吾所謂道堯以是傳之舜舜以是傳之禹禹以是傳之湯湯以是傳之文武周公文武周公傳之孔子孔子傳之孟軻軻之死不得其傳焉荀與楊也擇焉而不精語焉而不詳」始以孟子繼孔子宋人以孟子受業於子思子思受業於曾子遂謂曾子獨得孔子之傳。朱子又推濂溪、二程遙接其緒，其滄洲精舍告先聖文所謂「恭惟道統萬理一原遠自羲軒集厥大成人屬玄聖述古垂訓萬世作程三千其徒化若時雨維顏曾氏傳得其宗逮思及孟益以光大自時厥後口耳失真千有餘年乃云有繼周程授受萬理一原」者也後人又以朱子承周程之緒而理學家

所謂道統者以成。水心既不喜伊洛、故亦不承其道統之說。別敍道統、自堯、舜、禹、湯、文王、周公以至孔子而斥

宋儒曾子傳孔子之學以至子思孟軻之說爲不足信其言曰：「四科無曾子、而孔子曰參也、則曾子在孔

門弟子中不爲最賢若謂孔子晚歲獨進曾子、或孔子歿後、曾子德加尊行加修則無明據又孔子謂中庸之

德民鮮能、而子思作中庸以爲遺言、則顏、閔猶無是告、以爲自作則非傳也」此等議論看似考據精詳實亦

憑肊爲說與主張曾子傳孔子之道以及子思孟子者同一無據不足深論。水心之意亦初不在此所以必別

敍道統駁斥舊說不過以達其崇實黜虛之見而已。水心之言曰：「孔子教顏淵非禮勿視非禮勿聽非禮勿

言非禮勿動、必欲此身嘗行於度數折旋之中。而曾子告孟敬子、乃以爲所貴者動容貌正顏色出辭氣三事

而已。是則度數折旋皆可忽略而不省有司徒具其文而禮因以廢」又曰：「周官言道則兼藝易傳子思孟

子言道後世於道始有異說益以莊列西方之學愈以支離」其意可概見矣。

宋儒於戴記獨尊大學中庸、諸子中獨尊孟子以配論語、而爲四書固由於大學言爲學之方、最有系統；

（朱子語錄：「問初學當讀何書？曰：六經、語、孟皆當讀但須知緩急。大學語孟最是聖賢爲人切要處然語、孟

隨事答問難見要領惟大學是說古人爲學之大凡體統都具玩味此書知得古人所鄉讀語孟便易入後面

功夫雖多而大體已立矣。」又曰：「今且須熟究大學作間架卻以他書填補之。」又曰：「大學是修身治人

的規模。如起屋相似，須先打個地盤。」）中庸所言之精微孟子於諸子中獨為純正亦與其道統之說相關

也。水心既不信道統之說，故於學、庸、孟子咸有詰難。其難大學格致之說曰：「大學以致知格物，在誠意正心

之先格字可有二解：物欲而害道格而絕之；物備而助道格而通之是也程氏以格物為窮理夫窮盡物理則

之？故程氏之說不可通然格物究作何解殊未能定。蓋由為大學之書者自未能明以致疑誤後學也」其難

天下國家之道已無遺蘊安得意未誠心未正知未至以為求窮理則未正之心未誠之意未致之知安能求

中庸謂「書惟皇上帝降衷於下民，即中庸天命之為性，若有恆性即率性之為道克綏厥猷惟后即修道之

謂教。（案所引三語出偽湯誥）然言降衷可言天命物所同降衷人所獨也惟降衷為人所

獨，故人能率性而物不能否則物何以率性邪性而曰恆是以可率者天命物所同降衷人所

之所謂當然者率之，則道離於性矣民有恆性而后綏之無加損也云修則有損益矣是教者強民從己也」

其難孟子曰：「洪範耳目之官不思，而為聰明自外入以成其內也思曰睿自內出以成其外也古人未有不

內外交相成而至於聖賢者古人之耳目安得不官而蔽於物思有是非邪正心有人危道微後人安能常官

而得之蓋以心為官出孔子後以性為善自孟子始然後學者盡廢古人之條目而專以心為宗主虛意多實

力少堯舜以來內外相成之道廢矣」案此諸說均屬牽強格物之釋甚多是非誠難遽定然因其說之難定，

途謂古人自不能通則未免失之武斷。水心謂「功力當自致知始」則大學言致知在格物不云欲致其知

者先格其物明格物致知即係一事原自致知爲始也古書言性本皆指人性言之言物性須別之曰物言人

性不須別之曰人言語之法自如此也。孟子曰:「耳目之官不思而蔽於物物交物引之而已矣心之官則

思思則得之,不思則不得也此天之所以與我者先立乎其大者則其小者不能奪也」謂當以心之思正耳

目之蔽非謂任心而遂廢耳目也謂古人之耳目安得不官而蔽於物後人之心安能常思而得之試問耳目

爲物所引果有此事乎無此事乎耳目爲物所蔽不藉心之思以正之乎心不能常思而得將廢

心而專任耳目乎抑當致力於治心乎水心曰:「唐虞三代上之治爲皇極下之教爲大學行之天下爲中庸。

漢以來無能明之者今世之學始於心而三者始明。然唐虞三代內外無不合故心不勞而道自存今之爲道

者獨出內心以治外故常不合」夫心思耳目,非對立而爲二物也用耳目者非能不用心思而心思亦非能

離耳目而爲用也。(物交物則引之所引者仍系其心謂心隨耳目之欲而不思其邪正也若竟廢耳目之用,

則本無物欲之蔽矣。)今乃曰自外入以成其內自內出以治其外其說果可通乎?

水心於大極先後天之說亦皆加以駁詰謂孔子象辭無所謂太極太始太素等茫昧荒遠之說實惟莊、

列有之又謂河圖洛書之說已爲怪誕況於先後天乎孔子繫易辭不及數惟大傳稱大衍之數五十其下文

有五行生成之數五行之物，徧滿天下，觸之卽應，求之卽得，而謂其生成之數，必有次第，蓋曆家立其所起以象天地之行，不得不然。大傳以易之分揲象之，蓋易亦有起法也。大傳本以易象曆，而一行反以爲曆本於易。夫論易及數非孔氏本意而謂曆由易起揠道以從數執數以害道」云云。此說誠亦有理。然太始太素等名，見於易緯（見第二篇）緯書固多怪迂之論中亦多存經說謂其不足信則可謂非古說則不可專言數誠非孔氏之意。然古代哲學與天文曆數相關極密謂孔子不專言數則可必謂言數之說盡出後人附會亦非。水心謂「天地陰陽最忌以密理窺測」推其意必專就事論事高深玄遠之說一語不及而後可然哲學固不容如是也。

水心又論「黃叔度爲後世顏子」之說云：

孔子所以許顏子者，皆言其學不專以質，漢人不知學，以質爲道遂使老莊之說與孔顏並行」案宋儒好言「聖賢氣象。」在彼修養之餘誠不能謂無所見然亦有入魔道處。水心此論頗中其失。

水心既以實角爲主自不免功利之見。故謂「正誼不謀利，明道不計功，初看極好細看全疏闊。古人以利與人而不自居其功。故道義光明。旣無功利則道義乃無用之虛語耳」殊不知上下交征利勢必至於不奪不厭。未有仁而遺其親未有義而後其君正古人之以義爲利；而正誼不謀利明道不計功亦正所以規遠

利也。此等說皆未免失之偏激。

凡主張功利之說者世人每謂其心術不可問，此實不然彼不過立說少偏耳其意，固欲以利人也若但

圖自利則雞鳴而起孳孳爲之可矣；而何必著書立說以曉天下乎？故主張功利之說者其制行往往高潔過

人，方正不苟以其策書與主張道義之人異其斬向則同也。水心當韓侂冑用兵時嘗一出任事以是頗爲論

者所譏。此實理學家好苛論人而不察情實之弊不可不有以正之案水心當淳熙時屢以大仇未復爲言開

禧欲用兵除知建康府顧力言此事未可易言欲先經營淮漢使州有勝兵二萬然後挑彼先動因復河南河

南既復乃於已得之地更作一重爲進取之計實爲老謀勝算而侂冑急於建功（急於建功便是私意）不

能用水心又上劄子請修實政行實德意主修邊整兵而不急於用兵尤欲節用減賦以寬民

力時亦以爲迂緩不能用但欲藉其名以草詔水心力辭。則其不同侂冑之輕舉彰彰矣兵既敗乃出安集兩

淮力陳救敗之計旋兼江制置措置屯田時傳言金兵至民渡江者億萬爭舟至覆溺吏持文書至官皆手

顫不能出語水心歎曰：「今竟何如？」乃用門下士滕戍計以重賞募勇士渡江刼其營十數往返皷躍至。

士氣稍奮人心稍安金人乃解。水心相度形勢欲修沿江堡塢與江中舟師相掎自此漸北撫用山水寨豪傑。

中朝急於求和水心以爲不必請先自固徐爲進取之圖。蓋其審愼於啟釁之先效命於債軍之際其忠忱才

略,咸有足多者。而忍以一節輕議之哉?況所議者皆捕風捉影不察情實之談乎?侂胄既死,其黨許及之曾孝

友等懼得罪,反劾水心附會用兵以圖自免,遂奪職奉祠。前此封事具在,竟莫能明其本末之是非,必不

明功罪必倒置,可爲浩歎矣。水心弟子周南(字南仲吳縣人)北伐時嘗奉長樞密院機速房之命,辭曰:「吾

方以先事造兵爲發狂必死之藥,敢鄉邇乎」卒不受命。侂胄之誅,水心弟子與者三人。(趙汝談、汝讜、王大

受汝鐺一作汝讜字蹈中大梁人大受字宗可一字拙齋饒州人)亦可見水心之宗旨矣。水心既廢杜門家

居絕不自辯嘗歎「女眞復爲天祚他人必出而有之。」又謂「自戰國以來能教其民而用之惟一諸葛亮

非騙市人之比故其國不勞其兵不困雖敗而可戰。」其經綸又可見矣其與丁少詹(丁希亮字少詹黃巖

人。水心弟子)書謂「世間祇常理所謂豪傑卓然與起者不待教詔而自能,不待勉強而自盡耳至於以機

變爲經常以不遜爲坦蕩以窺測隱度爲義理以見人隱伏爲新奇以跌蕩不可覊束爲通透以多所疑忌爲

先覺此道德之棄材也讀書之博祇以長敖;見理之明,祇以遂非」云云則卓然儒者之言雖程朱無以踰其

淳也然則世之踔弛自喜好爲大言而實際並無工夫隱微之地且不可問而顧謬託於功利之論以詿世而

愚衆者寧非言功利者之罪人哉?

永康之學原於東萊然東萊之論實與永康絕異不可不察也東萊與葉正則書曰:「靜多於動踐履多

於發用涵養多於講說讀經多於讀史功夫如此然後可久可大。」與朱侍講曰：「向來一出始知時事益難

平為學功夫益無窮而聖賢之言益可信」其與陳同甫則曰：「井渫不食正指汲汲於濟世者所以未為井

之盛蓋汲汲欲施與知命者殊科孔子講討見卻曰以吾從大夫之後不敢不告孟子雖有自任氣象亦云

吾何為不豫哉殆可深鑑也」則實非急於功名之流其論政事亦恆以風俗為重所撰禮記說訾「秦漢以

來外風俗而論政事」論語說曰：「後世人所見不明或反以輕捷便利為可喜淳厚篤實為遲鈍不知此是

君子小人分處。」與學者及諸弟書曰：「嘗思時事所以艱難風俗所以澆薄推其病原皆由講學不明之故。

若使講學者多其達也自上而下為勢固易雖不幸皆窮然善類既多熏蒸上騰亦有轉移之理雖然此特愛

世之論耳中天下而立定四海之民所性不存為此又當深長思也」皆卓然儒者之論其論自治謂：「析理

當極精微豪釐不可放過。」又謂：「步趨進退左右周旋若件件要理會必有不到。惟常存此心則自然不違

乎理。」頗能兼朱陸之長史稱東萊少時性極褊後病中讀論語至「躬自厚而薄責於人」有省遂終身無

暴怒困學紀聞紀其言謂「爭校是非不如斂藏收養。」則其氣象寬博自有過人者宜其不與於朱陸之爭，

且能調和二家也。

東萊死後其弟子約議論漸變。朱子答劉子澄曰：「伯恭無恙時愛說史學身後為後生鶻突塗說出一

般惡口小家議論賤王尊霸謀利計功，更不可聽。子約立腳不住亦曰：吾兄蓋嘗言之云爾？」又一書曰：「婺

州自伯恭死後百怪都出。至如子約別說出一般差異的話全然不是孔孟規模卻做管商見識令人駭歎然

亦是伯恭自有些拖泥帶水致得如此又令人追恨也」答潘端叔曰：「子約所守固無可疑然其論甚怪教

得學者相率舍道義之塗以趨功利之域充塞仁義率獸食人不是小病故不免極力陳之，以其所守言之，固

有過當若攘其議論則亦不得不說到此地也」可見功利之說皆起於子約時矣然其主持實以陳同甫爲

最力。故朱子答黃魯直書謂「婺州近日一種議論愈可惡。大抵名宗呂氏而實主同甫」語類又謂「伯恭

門人亦有爲同甫之說」者也。

同甫之爲人，不如水心之純；其才，亦不如水心之可用。（水心行事具見前。龍川落魄以疏狂爲俠三

下大理獄其言曰：「研窮義理之精微辨析古今之同異原心於秒忽較理於分寸以積累爲工以涵養爲主，

晬面盎背則於諸儒誠有愧焉。至於堂堂之陳正正之旗風雨雲雷交發而並至龍蛇虎豹變見而出沒推倒

一世之智勇開拓萬古之心胸，自謂差有一日之長。」乃大言耳）然其論王霸義利之說則其攻駁當時之

論實較水心爲有理致不可誣也。龍川之言曰：「自孟荀論義利王霸，漢唐諸儒未能深明其說本朝伊洛諸

公辨析天理人欲，而王霸義利之說於是大明。然謂三代以道治天下，漢唐以智力把持天下，固已使人不能

心服。而近世諸儒遂謂三代專以天理，漢唐專以人欲行。其間有與天理暗合者，是以亦能久長。亮以爲漢唐之君，本領非不洪大開廓惟其時有轉移故其間不無滲漏謂之雜霸者其道固本於王也諸儒自處者曰義日王漢唐做得成者皆曰利曰霸一頭自如此一頭自如彼說得雖甚好做得亦不惡如此卻是義利雙行，王霸並用如亮之說卻是直上直下只有一個頭顱做得成耳」又曰：「心之用有不盡而無常泯三代做之盡者也漢唐做不到者也本末感應只是一理使其田地根本無有是處安得有小康」龍川之說蓋謂義之與利王之與霸天理之與人欲惟分量多少之異性質則初無不同也蕺山之言曰：「不要錯看了豪傑古人一言一動凡可信之當時傳之後世者莫不有一段眞至精神在內不誠則無物何從生出事業來？」與龍川之言若合符節如龍川蕺山之言則天下惟有一理可以成事。如朱子之說轉似僞者有時亦可成事矣其意欲使道尊而不知適以小之也。且如朱子之說則世之求成事者將皆自屏於道之外而道眞爲無用之物矣。龍川又極論其弊曰：「以爲得不傳之絕學者皆耳目不洪見聞不遺之辭也人只是這個人氣只是這個才只是這個才譬之金銀銅鐵鍊有多少則器有精粗豈其本質之外挨出一般以爲絕世之美器哉。故浩然之氣百鍊之血氣也使世人爭驚高遠以求之東扶西倒而卒不著實而適用則諸儒所以引之者過矣。」又曰：「眼盲者摸索得著謂之暗合。不應二千年之間，有目皆盲也。亮以爲後世英雄豪傑有時閉眼胡做遂爲

聖門之罪人。及其開眼運用，無往而非赫日之光明今指其閉眼胡做時便以為盲無一分光指其開眼運用

時只以為偶合天下之盲者能幾利欲汩之則閉。心平氣定雖平平眼光亦會開得况夫光如黑漆者開則其

正也閉則雲時浮翳耳今因吾眼之偶開便以為得不傳之絕學盡界而立盡絕一世之人於門外而謂二千

年之君子省盲眼不可點洗二千年之天地日月，皆若有若無世界皆是利欲斯道之不絕者僅如縷耳此英

雄豪傑所以自絕於門外以為建功立業別是法門這些好說話且與留著妝景足矣。」案世謂儒術迂疏正

是如此。龍川之言亦可深長思也。

凡講學家往往設想一盡美盡善之境以為鵠說非不高然去實際太遠遂至成為空話。中國人素崇古，

宋儒又富於理想乃舉其所謂盡美盡善之境一一傳之古人而所謂古人者遂成為理想中物以此期諸實

際則其功渺不可期；以此責人人亦無以自處矣此亦設想太高持論太嚴之弊也。龍川與朱子書曰「祕書

以為三代以前都無利欲都無要富貴人。今詩書載得如此潔淨只此是正大本子。亮以為才有人心便有

許多不潔淨。」破理想之空幻，而據實際以立論亦理學家所當引為他山之石也。

所謂義利往往不可得兼然此自係格於事實以致如此。若論究竟則二者之靳向，固未嘗不一所謂舍

利而取義者亦以格於事勢二者不可得兼云然非有惡於利也主張之過或遂以利為本不當取則又誤矣。

龍川之言曰「不失其馳舍矢如破君子不必於得禽也而非惡於得禽也範我馳驅而能發必命中者君子

之射也豈有持弓矢審固而甘心於空反者乎」亦足箴理學家偏激之失也。

龍川之論，朱子距之如洪水猛獸又視其關江西爲嚴然其議論之可取如此。

一成之見以自封矣然朱子之言亦有足資警惕者。朱子答呂子約書曰：「孟子一生忍窮受餓費盡心力只

破得枉尺直尋四字今日諸賢苦心勞力費盡言語只成就得枉尺直尋四字」其言足資猛省蓋謂凡能成

事者皆有合於當然之道不得謂惟吾理想中之一境有合而餘皆不合其言自有至理然世事錯綜已極成

否實難豫料就行事論只能平心靜氣據我所見爲最是者盡力以行之，而不容有一必其成功之念苟欲必

其成功，則此心已失其正成功仍未可必故論事不宜過嚴，而所以自律者則本原之地不

容有豪髮之間。龍川箴朱子立論之過隘朱子譏龍川立心之未淳其言亦各有一理也。

篇十一　宋儒術數之學

宋儒術數之學，其原有二：(一)則周子之太極圖，邵子之先天圖，與參同契爲一家言蓋方士修煉之書

也。一則天地生成之數。司馬氏之潛虛及劉氏蔡氏河圖洛書之說本之。

所謂天地生成之數者其說見於鄭氏之易注易繫辭傳曰：「天一，地二，天三，地四，天五，地六，天七，地八。」又曰：「天數五，地數五，五位相得而各有合，天數二十有五，地數三十，凡天地之數，五十有五，此所以成變化而行鬼神也。」一、三、五、七、九為天數，二、四、六、八、十為地數，所謂天數五，地數五也。一、三、五、七、九相加為二十有五，二、四、六、八、十相加為三十，所謂天數二十有五，地數三十也。二十五與三十相加為五十有五。則易所言之凡數也。鄭氏注曰：「天一生水於北，地二生火於南，天三生木於東，地四生金於西，天五生土於中，陽無耦陰無妃未得相成於是地六成水於北與天一並，天七成火於南與地二並，地八成木於東與天三並，天九成金於西與地四並，地十成土於中與天五並。」此所謂五行生成之數漢書五行志，左氏昭公九年：「梓慎曰水火之牡也。」疏引陰陽之書言五行妃合；「郊竈曰火水妃也，妃以五成」疏引陰陽之書言五行妃合十八年「月令言五方木、火、金、水皆成數惟土為生數。太玄玄圖篇云：「一與六共宗，二與七為朋，三與八成友，四與九同道，五與五相守」說亦大同惟中央不言五與十而已。司馬氏潛虛所用即係此數。

書言五行嫁娶說皆略同後人於鄭氏之說或多駁難然非此無以釋五位相得而各有合也月令言五方木、

溫公潛虛亦從萬物之所由來說起由此推原人性而得其當然之道其說曰：「萬物皆祖於虛生於氣。氣以成體體以受性性以辨名名以立行行以俟命故虛者物之府也氣者生之戶也體者質之具也性者神

之賦也。名者事之分也行者人之務也命者時之遇也」蓋亦欲通天人之故者也。（謂萬物皆祖於虛，不如

張子泯有無為一之當）

其氣圖以五行分布五方，用其生數為原、熒本北、基，而以其成數為委、焱末、刃、冢。以此互相配合，其數五

十有五。畫成級數是為體圖體圖一等象王二等象公三等象岳四等象牧五等象率六等象侯七等象卿八

等象大夫九等象士十等象庶人。其說曰：「少以制衆明綱紀也。位愈卑詘愈多所以為順也」又以五行生

成之數遞相配其數亦五十有五謂之性圖（其中以水配水以火配火者謂之十純其餘謂之配）又以一

至十之數互相配各為之名亦得五十五。其中以五配五曰齊居中餘則規而圓之始於元而終於餘是為名

圖齊包幹萬物無位元餘者物之終始無變餘各有初二三四五六上七變凡三百六十四變尸一日授於

餘而終之。其說曰人之生本於虛虛然後形形然後性性然後動動然後情情然後事事然後德德然後家家

然後國國然後政政然後功功然後業業終則反於虛矣。故萬物始於元著於裏存於齊消於散訖於餘五者，

形之運也。柔剛雍昧性之分也容言貌聆覬動之官也縣憍得罷耽情之誶也蔣卻庸妥蠢事之變也訖宜，

忱喆戛德之緒也特偶眮繢考家之綱也范徒醜隸林國之紀也禮準資賓戠政之務也戮乂績育聲功之具

也與痡泯造隆業之著也」蓋欲以偏象萬事也元餘齊無變不占初上者事之終始亦不占餘五十二名，各

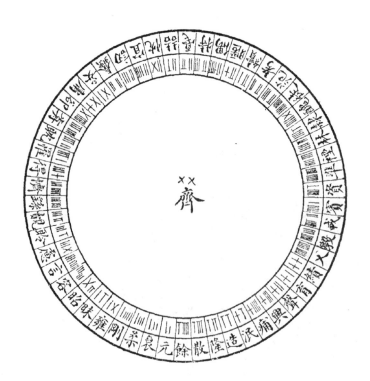

以其二、三、四、五、六為占五行相乘，得二十五；又以三才乘之，得七十五以為策虛其五而用七十占之。其占分

吉、臧、平、否、凶五者。

温公好太玄留心三十年，集諸說而作注其作潛虛自云：「玄以準易，虛以擬玄。」玄起冬至，終大雪。蓋

象物之始終亦然其繫元之辭曰「元始也，夜半日之始也，朔月之始也，冬至歲之始也。」繼之以裒曰「裒，

聚也氣聚而物宗族聚而家聖賢聚而國」終之以散繼之以餘蓋亦象物之始終其思想實未能出於太玄

之外此等書殊可不必重作也。

温公潛虛雖不足貴，而其踐履，則有卓然不可誣者。温公之學，重在不欺，自謂「生平所為，未嘗不可對

人言」弟子劉安世問「有一言而可以終身行之者乎」曰「其誠乎」問其目曰「自不妄語始」安世

學之七年而後成故能屹然山立論者稱涑水門下忠定（安世謚）得其剛健篤實范正獻（祖禹）得其

純粹云傳温公之數學者則晁景迂也。

景迂從温公遊又從楊賢寶（康節弟子）傳先天之學，姜至之講洪範温公著潛虛未成而病命景迂

補之。景迂謝不敏所著書涉於易者甚多今惟易玄星紀譜尚存景迂集中其書乃將温公之太玄曆康節之

太玄準易圖據曆象合編為譜以見易與玄之皆本於天也。

五行生成之數，鄭氏以之注繫辭傳天地之數。其注大衍之數亦用之其注「河出圖洛出書」則引春

秋緯云「河以通乾出天苞洛以流坤吐地符河龍圖發洛龜書成河圖有九篇洛書有六篇」初不言九篇

六篇所載爲何事漢書五行志載劉歆之言曰「虙犧氏繼天而王受河圖則而畫之八卦是也禹治洪水賜

雒書法而陳之，洪範是也」（張衡東京賦「龍圖授義，龜書畀姒」）始以河圖爲八卦洛書爲五行。（僞

孔傳及論語集解引孔氏亦皆以河圖爲八卦）然亦僅言八卦五行出於圖書而圖書究作何狀則莫能質

言。（邢昺論語疏「鄭玄以爲河圖洛書龜龍銜負而出如中候所說龍馬銜甲赤文綠字甲似龜背爰廣九

尺上有列宿斗正之度帝王錄紀與亡之數」云「列宿斗正之度」似圖云「帝王錄紀與亡之數」則亦

似書矣又云「赤文綠字甲似龜背」則龍馬所負亦龜書也隋志「河圖二十卷河圖龍文一卷其書出於

前漢。有河圖九篇洛書六篇自黃帝至周文王所受本文又別有三十篇云自初起至於孔子九聖之所增演，

以廣其意」其書既亡無可究詰漢書五行志以「初一日」以下六十五字皆爲洛書本文孔以「初一日」

等二十七字係禹加劉彪、顧焯以爲龜背有二十八字劉炫謂止二十字亦皆以意言之而已要之河圖洛書

本神怪之談無從徵實必欲鑿求適成其爲癡人說夢而已。至宋時始有所謂易龍圖者託諸陳摶（見李

淑邯鄲書目）朱子已明言其僞。清胡渭易圖明辨謂其圖見於張仲純易象圖說者凡四：其第一圖，即天數

二十有五，地數三十。第二圖上爲五行生數，下爲五行成數。第三圖合二者爲一。第四圖則所謂「戴九履一，

數未合之一天地

數巳合之二天地

數生成之三天地

五之象縱橫十四洛書

左三右七二四爲肩，六八爲足，五爲腹心，縱橫數之皆十五」者也。其數與大戴記明堂九室（大戴記明堂篇「明堂者古有之也凡九室二、九、四；七、五、三；六、一、八」）及後漢書張衡傳注引易乾鑿度同案後漢書劉瑜傳瑜上書：「河圖授嗣正在九房」則以此數爲河圖。然九宮之數合於九疇故又有以此爲洛書者。

宋劉牧撰易數鉤隱圖就龍圖天地已合之數虛其中以上圖爲兩儀下圖爲四象以爲河圖其有五數及十數者爲洛書蔡元定則以第三圖爲河圖第四圖爲洛書。引關朗易傳爲證易傳曰：「河圖之文七前六後八左九右是故全七之三以爲坤正者全其位隅者盡其量。九前一後三左七右四前左二坎奇以爲乾全九之三以爲兌奇以爲離奇以爲巽全八之三以爲震奇以爲艮全六之三以爲前右八後左六後右聖稽之爲三象：一、四、七爲天生之數二、五、八爲地育之數三、六、九爲人資之數」所謂則圖畫卦者與劉牧之四象生八卦圖合宋時言圖書者所由以圖書附合於易也。（劉氏曰：「水居坎而生乾金居兌而生坤火居離而生巽木居震而生艮」謂水數六除三畫爲坎餘三畫爲乾坤艮巽畫數九除三畫爲兌，餘六畫爲坤火數七除三畫爲離餘四畫爲巽木數八除三畫爲震餘五畫爲艮也。乾坤艮巽畫數恰合巧矣。然坎離震兌皆止三畫殊不可通）關朗易傳乃北宋阮逸所造僞書見陳無己後山叢談實本諸劉牧而又小變其說者蔡氏爲所欺也。

東都事略儒學傳謂：「陳摶讀易以數學授穆脩，脩以授种放，放授許堅，堅授范諤昌。」朱漢上經筵表

謂：「陳摶以先天圖傳种放，放傳穆脩，脩傳李之才，之才傳邵雍（明道誌康節墓亦謂其學得之李挺之，挺

之得之穆伯長。）放以河圖洛書傳李溉，溉傳許堅，堅傳范諤昌，諤昌傳劉牧，脩以太極圖傳周敦頤，敦頤傳

程顥程頤。」晁公武郡齋讀書志：「易證墜簡一卷天禧中毘陵從事范諤昌撰自謂其學出於盜浦李處約、

盧陵許堅。」處約不知卽溉否然邵子之學出於先天圖；劉牧之學出於河圖洛書周子之學出於太極圖則

不可誣也。

南渡以後精於數學者莫如蔡西山父子。西山以十爲河圖，（五行生成數。）九爲洛書（九官）又謂

「河圖、洛書虛其中為太極奇耦各居二十，（謂一、三、七、九，與二、四、六、八，相加皆為二十。）則亦兩儀。一、六為水二、七為火三、八為木四、九為金五、十為土固洪範之五行而五十有五又九疇之子目也。（五行五五事五，八政八五紀五皇極一三德三稽疑七庶徵十福極十一）洛書一、二、三、四，而合九、八、七、六；縱橫十五，而互為九、八、七、六則亦四象也。四方之正以為乾坤離坎四隅之偏以為兌震巽艮（此邵子先天方位）則亦八卦其理已具之稱形器已具而其理無朕之目。在河圖、洛書皆虛中之象也。周子曰無極而太極邵子曰道為太也。洛書固可以為易河圖固可以為範且又安知圖之不為書書之不為圖邪」又曰「太極者象數未形而極又曰心為太極此之謂也。太極之判始生一奇一耦而為一畫者二是為兩儀其數則陽一而陰二在河圖、洛書則奇耦是也。周子所謂太極動而生陽動極而靜靜而生陰靜極復動一動一靜互為其根分陰分陽兩儀立焉邵子所謂一分為二者皆謂此也。兩儀之上各生一奇一耦，而為二畫者四，是為四象。其位則太陽一、少陰二少陽三太陰四。其數則太陽九少陰八少陽七太陰六以河圖言之則六者一而得於五者也八者十分而得於五者也八者三而得於五者也九者四而得於五者也以洛書言之則九者十分一之餘也八者十分二二之餘也七者十分三之餘也六者十分四之餘也周子所謂水火木金；邵子所謂二分為四者皆謂此也。四象之上各生一奇一耦而為三畫者八於是三才略具而有八卦之名矣其位則乾一兌二離三震四巽五坎

六艮七坤八。在河圖則乾坤離坎分居四實，兌震巽艮，分居四方；在洛書則乾坤、離坎，分居四隅。周禮所謂三易經卦各八；大傳所謂八卦成列；邵子所謂四分爲八者，皆指此而言也」（以上皆引易學啟蒙，此書實西山所撰也）蓋將先天、太極及宋人所謂河圖洛書者通合爲一矣。

西山於洪範之數未及論著，皆以授九峯，九峯著洪範皇極以九九之數爲推，其言曰：「數始於一，參於三，究於九，成於八十一，備於六千五百六十一。八十一者數之小成也，六千五百六十一者數之大成也。天地之變化，人事之始終，古今之因革，莫不於是著焉」又曰：「一變始之一，二變始之中，三變始之終，四變中之始，五變中之中，六變中之終，七變終之始，八變終之中，九變終之終。數以事立，亦以事終」蓋欲以數究萬物之變者也。此等說太覺空漠，無可徵驗，卽無從評論其是非。然洪範皇極頗多微妙之言，今略引數條於下：

洪範皇極曰：「有理斯有氣，氣著而理隱，有氣斯有形，形著而氣隱。人知形之數而不知氣之數，而不知理之數。知理之數則幾矣。動靜可求其端，陰陽可求其初，萬物可求其紀，鬼神知其所幽，禮樂知其所著，生知所來，死知所去，易曰窮神知化，德之盛也」形者已成之局，氣者形之原因，又氣之原因，數者事之必然。知理之數則形氣自莫能外矣，故以爲窮神知化也。

又曰：「欲知道不可以不知仁。欲知仁，不可以不知義。欲知義不可以不知禮。欲知禮不可以不知數。數

九九積數圖

一	九	八十一	七百二十九
二	十八	百六十二	一千四百五十八
三	二十七	二百四十三	二千一百八十七
四	三十六	三百二十四	二千九百一十六
五	四十五	四百有五	三千六百四十五
六	五十四	四百八十六	四千三百七十四
七	六十三	五百六十七	五千一百有三
八	七十二	六百四十八	五千八百三十二
九	八十一	七百二十九	六千五百六十一

者，禮之序也。知序則幾矣。」仁義二者仁爲空名義則所以行仁禮之於義亦然數者禮之所以然也。知數則所行之禮皆不差忒；於仁義無遺憾，於道亦無不合矣此說將仁義禮一以貫之，即所以使道與數合而爲一

也。

又曰：「數運無形而著有形。智者一之，愚者二焉。數之方生化育流行，數之已定物正性命。圓行方止，爲物終始。隨之而無其端也，迎之而無其原也。渾之惟一析之無極，惟其無極是以惟一」此言原因結果之間，所以無豪釐差忒者以其本是一體。惟本是一體，而分析特人所強爲故豪釐不得差忒以其析之無窮而仍豪釐不得差忒可見其本是一體，而分析特人之所爲也。

又曰：「數者動而之乎靜者也象者靜而之乎動者也動者用之所以行，靜者體之所以立用既爲體體復爲用。」此天地萬物所以化生而無窮也。」此所謂靜者，謂人所能認識之現象。動者現象之所由成也用既爲體體復爲用言現象皆有其所以然之原因而此現象復爲他現象之原因也。

又曰：「順數則知物之所始逆數則知物之所終數與物非二體也始與終非二致也大而天地，小而豪末；明而禮樂幽而鬼神知數即知物也知始即知終也。九峯所謂數即宇宙定律之謂明乎宇宙定律則於一切事物無不通貫矣。故曰「物有其則數者盡天下之物則；事有其理數者盡天下之物理」也。

以上所引皆洪範皇極中精語略舉數條不能盡也。然亦可見宋代理學家：其學雖或偏於術數，而其意恆在明理；其途徑雖或借資異學而多特有所見不爲成說所囿後人訾謷之辭實不盡可信也。

篇十二　陽明之學

陽明之學蓋遠承象山之緒，而其廣大精微，又非象山所及。

一種哲學必有其特異之宇宙觀及人生觀。此理前已言之。陽明之學，雖不能離乎宋儒，而別為一學，然

以佛教譬之固卓然立乎程朱之外而自成一宗者矣。其宇宙觀及人生觀果有以特異於程朱乎？曰：有。

宋學至朱子而集其大成。其異乎朱子者，如陸子，則當陽明時其說不甚盛行。故朱子之學，在當時實宋

學之代表也。朱子以宇宙之間，有形迹可指目想像者，皆名為氣，而別假設一所以然者，名之曰理。形迹之已

然者，不能盡善然然追溯諸未然之時固不能謂其必當如是。故以理為善，凡惡悉委諸氣，本此以論人則人人

可以為善，而未必人人皆能為善，其可以為善者，使之不能為善有氣也。於是分性為義理氣質兩端義理

之性惟未生時有之。已墮形氣之中，則無不雜以氣質者，人欲為善，必須克去其氣質之偏，使不為天理之累

而後可。朱子論理氣及人性之說如此。

陽明之說則不然。陽明以理氣為一謂「理者氣之條理，氣者理之運用。無條理固不能運用；無運用亦

無所謂條理矣」然則所謂理與氣者明明由人之觀念析之為二在彼則實為一物也然則理不盡善氣亦

不盡善乎?曰:不然。理者氣之流行而不失其則者也春必繼以夏秋必繼以冬此卽氣之流行之則,卽是理純粹至善者也其流行之際不能無偶然之失則如冬而燠夏而寒是爲愆陽伏陰愆陽伏陰卒歸於太和可見流行雖有偶差,主宰初未嘗失。主宰之不失,卽至善也。(陽明門下論理氣合一最明白者當推羅整庵。整庵之說曰:「通天地亙古今無非一氣而已氣本一也動靜往來闔闢升降循環無已積微而著由著復微爲四時之溫涼寒暑爲萬物之生長收藏爲斯民之日用彝倫爲人事之成敗得失千條萬緒紛紜輘輵而卒不克亂莫知其所以然而然是卽所謂理也初非別有一物依於氣而立附於氣以行或因易有大極之說乃疑陰陽之變易類有一物主宰乎其間是不然矣。○理者氣之條理之說雖暢發於陽明實亦道原於宋儒張子謂「虛空卽氣。」「天地之氣雖聚散攻取百途然其爲理也順而不妄。」程子謂「天地之化一息不留便有速也然寒暑之變甚漸。」朱子曰:「有個天理便有個人欲蓋緣這天理有個安頓處才安頓得不恰好便有個人欲出來」皆陽明之說之先河也。

推此以論人則氣卽心理卽性心與性之不可歧而爲二猶理與氣之不可歧而爲二也字宙全體無之非氣卽無之非理。人稟氣以生卽稟理以生也人心千頭萬緒感應紛紜而不昧其感應流行也其不昧主宰也感應不能無失猶氣之流行不能無愆陽伏陰其終能覺悟其非則卽其主宰之不昧也故理善氣亦善性

善心亦善（上知下愚所稟者同是一氣然一知一愚者上知所稟之氣清下愚所稟之氣濁也同一氣也，而

有清濁之分何也？曰氣不能無運行運行則有偏勝雜糅之處有偏勝雜糅斯有清濁矣然論其本則同是一

氣。惡在偏勝雜糅不在氣也故氣不可謂之惡。○宋儒以人之不善歸咎於氣質。陽明則歸咎於習。

所謂習者非有知識後始有并非有生後始有稟氣時即有之氣之偏勝，即習之所從出也如仁者易貪知者

易詐勇者易暴其仁即聖人之仁其知即聖人之知其勇即聖人之勇以其所稟者與聖人同是一氣也其所

以流於貪詐暴者則以其氣有偏勝故此當學以變化之。惟雖有偏勝，而其本質仍善故可變化若其質本惡

則不可變矣陽明之說如此實亦自宋儒之說一轉手耳○失在流行不在本體故只有過不及而無惡）

氣之流行而不失其則者，理也心之感應而不昧其常者性也理與氣非二則性與心非二欲知氣之善，

觀其流行而不失其則者知之矣欲求心之善於其感應之間常勿失其主宰即得之矣此主宰即陽明之所

謂知也。而致良知之說以立。

　夫謂良知即人心之主宰者何也？陽明以天地萬物為一體其言曰：「自其形體而言謂之天。自其主宰

而言謂之帝自其流行而言謂之命自其賦於人而言謂之性自其主於身而言謂之心心之發謂之意意之

體謂之知。其所在謂之物」蓋宇宙之間本無二物我之所稟以生者即宇宙之一部分其原質與天地萬物

無不同（故曰人與天地萬物一體，非以天地萬物爲一體也也。陽明之言曰：「人的良知，就是草木瓦石的良

知豈惟草木瓦石天地無人的良知亦不可爲天地矣。蓋天地萬物與人原是一體。其發竅之最精處是人心

一點靈明。故五穀禽獸之類皆可以養人藥石之類皆可以療疾只爲同此一氣，故能相通耳。」錢緒山曰：「天

地間只有此知。天只此知之虛明；地只此知之凝聚鬼神只此知之妙用日月只此知之流行人與萬物只此

知之合散；而人只此知之精粹也。此知運行萬古有定體故曰太極無聲臭可即故曰無極」歐陽南野曰「道

塞乎天地之間所謂陰陽不測之神也神凝而成形神發而爲知。知也者神之所爲也神無方無體其在人爲

視聽爲言動爲喜怒哀樂其在天地萬物則發育峻極故人之喜怒哀樂與天地萬物周流貫澈而無彼此之

間」云云。陽明之學於一元之論可謂發揮盡致矣〉而此原質自有其發竅最精之處此處即我之心也，此

意也知也同物而異名故用力於知即用力於心而用力於心即用力於造成我之物質發竅最精之處也此

致良知之說所由來也。

不曰用力於心而曰用力於知者何也曰：心意知同體不離；舍意則無以見心舍知則無以見意也。故曰：

「心無體以知爲體」然知亦非能離所知而獨存也。故曰「知無體以感應是非爲體」「心之本體至善，

然發於意則有善有不善〉此猶主宰雖是而流行之際不能無差也意雖有善有不善「然知是知非之知，

未嘗不知」則猶流行偶差，而主宰常存也心之體，既必即意與知而後可見，則欲離意與知而用力於心者，自係邪說詖辭故曰「欲正心者本體上無可用功。必就其發動處著力知其是而爲之知其非而不爲是爲致知知則意誠意誠則心正心正則身修故曰大學之要在於誠意誠意之功，在於格物誠意之極厥惟止至善」也陽明之學之綱領如此。

所謂格物者非謂物在外而以吾心格之也意之所在謂之物故曰「意在於事親事親便是一物。意在於事君事君便是一物意在於仁民愛物仁民愛物便是一物意在於視聽言動視聽言動便是一物」意之所在謂之物何也曰「一念未萌則萬境俱寂念之所在境則隨生如念不注於目前則泰山覿面而不睹念苟注於世外則蓬壺遙隔而成象」矣（塘南之言）蓋知者能知物者所知所之不能離能之不能離所也故曰「無心外之理無心外之物」。故理一者在我之主宰分殊者主宰之流行。故曰「物之無窮只是此心之生生」而已。故無所謂物之善不善只有此心之正不正也。（塘南曰：「事之體，強名曰心心之用，強名曰事。其實只是一件無內外彼此之分也。故未有有心而無事有事而無心者也。故充塞宇宙皆心也皆事也」又曰：「心常生者也。自其生生而言即謂之事心無一刻不生即無一刻無事事本心故視聽言動，子臣弟友辭受取予皆心也洒掃應對便是形而上者學者終日乾乾只默識此心之生理而已時時默識內

不落空外不逐物，一了百了，無有零碎本領之分也。」又曰：「盈天地間皆物也何以格之惟以意之所在為物，則格物之功非逐物，亦非離物也至博而至約矣」○尤西川格訓通解曰：「陽明格物，其說有二曰知者意之體物者意之用如意在於事親即事親為一物只要去其心之不正以全其本體之正故曰格者正也又曰致知在格物者致吾心之良知於事事物物致吾心之良知於事事物物，則事事物物皆得其理矣致吾心之良知者致知也事事物物，皆得其理者物格也前說似專舉一念後說則並舉事物，若相戾者然性無內外而心外無物二說只一說也。」西川名時熙字季美洛陽人）

流行主宰即是一事主宰即見於流行之中非離乎流行，而別有其寂然不動之一時也故心之動靜亦非二時。欲正心者，必動靜皆有事焉陽明曰：「太極生生之理妙用無息者而常體不易太極之生生，即陰陽之生生就其生生之中指其妙用無息者而謂之動謂之陽之生非謂動而後生陽也指其常體不易者而謂之靜謂之陰之生非謂靜而後生陰也若靜而後生陰動而後生陽則是陰靜陽動截然各自為一物矣」此就靜謂之陰之生非謂靜而後生陰動而後生陽則是陰靜陽動截然各自為一物矣」此就宇宙言也推諸吾心亦如此故曰：「心無動靜者也其靜也者以言其體也其動也者以言其用也故君子之學無間於動靜其靜也常覺而未嘗無也故常應其動也常定而未嘗有也故常寂常應常寂常定者也心一而已靜其體也而復求靜根焉是撓其體也動其用也而懼其易是之謂集義所謂動亦定靜亦定者也心一而已靜其體也而復求靜根焉是撓其體也動其用也而懼其易

動焉，是廢其用也故求靜之心即動也惡動之心非靜也是之謂動亦動靜亦動。故循理之謂靜，從欲之謂動。」陽明正心之說皆自其宇宙觀來故曰：必有新宇宙觀而後有新人生觀人生觀與宇宙觀實不容分析

為二也。（陽明曰：「告子只在不動心上著功。孟子便真從此心原不動處分曉心之本體，原是不動的。只為

所行有不合義便動了孟子不論心之動不動只是集義所行無不是義此心自然無可動處。○傳習錄：「無

善無惡者理之靜有善有惡者氣之動不動於氣即無善無惡是為至善曰：佛氏亦無善無惡何以異曰佛氏

著在無上便一切不管聖人無善無惡只是無有作好無有作惡不作好惡非是全無好惡只是好惡一循於

理不去著一分意思即是不曾好惡一般曰：然則好惡全不在物？曰只在汝心循理便是善動氣便是惡世儒

惟不知此舍心逐物將格物之學錯看了。）

陽明之學雖極博大精微然溯其原則自「心即理」一語來而已。故曰：陽明之學遠承象山之緒也然

其廣大精微則實非象山所及此亦創始者難為功繼起者易為力也。

人心不能無妄動然真妄原非二心故苟知其妄則妄念立除而真心此即立現。故曰：「照心非動者以

其發於本體明覺之自然而未嘗有所動也妄心亦照者以其本體明覺之自然者未嘗不存於其中但有所

動耳無所動即照矣」夫妄心之所以能覺者以良知無時而不在也。故曰「七情順其自然之流行皆是良

知之用。但不可有所著。七情有著俱謂之欲。（有著即所謂動也。陽明又曰：「理無動者也動即爲欲」然才

有著時良知亦自會覺即蔽去復其本體矣。此處能看得破方是簡易透徹工夫」又曰：「雖妄念之發而

良知未嘗不在但人不知存則有時而或放耳雖昏塞之極而良知未嘗不明但人不知察則有時而或蔽

耳」又曰：「良知無過不及知過不及的是良知」夫如是則爲善去惡之功實惟良知是恃故曰「一點良

知是爾自家的準則。是便知是非便知非更瞞他一些不得爾只不要欺他實實落落依他做去善便存惡便

去。何等穩當此便是致知的實功」

人心雖動於妄而良知未嘗不知，故致知之功，實大可恃。良知雖無時不存，而不能不爲物欲所蔽故致

知之功，必不容緩以良知爲足恃而遂忘致之之功，則所謂良知亦終爲物欲所蔽耳故曰：「良知之發更無

私意障礙即所謂充其惻隱之心而仁不可勝用常人不能無私意，所以須用致知格物之功。」又曰：「知得

善卻不依這個良知便做去知得不善卻不依這個良知便不去做這個良知便遮蔽了」又曰：「天理即是

良知良知愈思愈精明若不精思漫然隨事應去良知便粗了然「學以去其昏蔽於良知之本體初不能有

加於毫末。」此義亦不可不知。

知是知非之良知不能致即將昏蔽於何驗之曰觀於人之知而不行，即知之矣。蓋良知之本體，原是即

理學綱要

知即行。苟知之而不能行，則其知已非真知，即可知其為物欲所蔽矣。「徐愛問：今人儘有知父當孝兄當弟，卻不能孝不能弟，知行分明是兩件曰：此已被人欲間斷，不是知行本體未有知而不行者知而不行只是未知。聖賢教人知行，正是要復那本體。故大學指個真知行與人看說如好好色，如惡惡臭。見好色屬好色屬行。只見好色時已自好了；不是見後又立個心去好。聞惡臭屬知，惡惡臭屬行。只聞惡臭時已自惡了；不是聞後別立個心去惡。（龍溪曰：「孟子說孩提之童，無不知愛其親；及其長也，無不知敬其兄。止曰知而已；知便能了。更不消說能愛能敬」。）知是行的主意行是知的工夫知是行之始行是知之成若會得時只說一個知已自有行在只說一個行已自有知在（故曰：「知之真切篤實處便是行，行之明覺精察處便是知」

○龍溪曰「知非見解之謂，行非履蹈之謂只從一念上取證。」古人所以既說知又說行者？為世間有一種人懵懵懂懂任意去做全不解思維省察只是個冥行妄作所以必說個知方才行得是又有一種人茫茫蕩蕩懸空去思索全不肯著實躬行只是個揣摩影響所以必說一個行方才知得真此是古人不得已補偏救弊的話」「此已被私欲間斷不是知行本體」一語最精好。「見好色時已是好了不是見後又立個心去好聞惡臭時已自惡了不是聞後別立個心去惡」人之所知一切如此豈有知而不行之理？見好色而強抑其好之之心聞惡臭而故絕其惡之之念非有他念不能然此即所謂間斷也良

一六四

知之有待於致即欲去此等間斷之念而已矣。

真知未有不行者；知而不行只是未知，故欲求真知，亦必須致力於行此即所謂致知也。故曰：「人若真切用功，則於此心天理之精微日見一日私欲之細微亦日見一日。若不用克己功夫天理私欲終不自見如走路一般。走得一段方認得一段走到歧路有疑便問問了又走方才能到今於已知之天理不肯存已知之人欲不肯去只管愁不能盡知閒講何益」

知行既係一事則不知自無以善其行。陽明曰：「今人學問只因知行分作兩件，故有一念發動雖是不善卻未曾行便不去禁止我今說個知行合一正要人曉得一念發動處便即是行；就將這不善的念克倒不使那一念不善潛伏在胸中。」人之為如何人見於著而實積於微知者行之著者耳若於念慮之微不加禁止則惡念日積雖欲矯強於臨時必不可得矣。大學曰：「小人閒居為不善見君子而後厭然揜其不善而著其善人之視己如見其肺肝然則何益矣此謂誠於中形於外故君子必慎其獨也」正是此理。揜凡事倉卒取辦未有能成者非其事之不可成乃其敗壞之者已久也。然則凡能成事者皆非取辦於臨時乃其豫之者已久也。欲求豫則必謹之於細微欲謹之於細微則行之微（即知。）有不容不措意者矣。故非知無以善其行也。故曰知行是一也。

知行合一之理，固確不可易。然常人習於二之之既久，驟聞是說不能無疑。陽明則一一釋之其說皆極精當。今錄其要者如下：

「徐愛問至善只求諸心恐於天下事理有不能盡曰：心即理也此心無私欲之蔽即是天理不須外面添一分。以此純乎天理之心發之事父便是孝；發之事君便是忠；發之交友治民便是信與仁。愛曰：如事父一事，其間溫凊定省之類有許多節目亦須講求否？曰：如何不講求只是有個頭腦，只就此心去人欲存天理上講求。此心若無人欲純是天理，是個誠於孝親之心冬時自然思量父母寒自去求溫的道理，夏時自然思量父母熱自去求凊的道理。譬之樹木這誠孝的心便是根，許多條件便是枝葉須先有根，然後有枝葉不是先尋了枝葉然後去種根」。陽明此說即陸子所謂先立乎其大者也。「溫凊定省之類有許多節目」最為恆人所致疑得此說而存之，而其疑可以豁然矣。（陽明曰：「聖人無所不知只是知個天理，無所不能只是能個天理。聖人無所不知但不必知的，聖人自不消求知其所當知者，聖人自能問人知得一個天理，便自有許多節文度數出來。」此說與朱子「生而知之者義理禮樂名物必侍學而後知」之說似亦無以異。然朱子謂人心之知必待理無不窮而後盡。陽明則雖名物度數之類有所不知而仍不害其為聖人此其所以為異也。

枝葉條件，不但不必豫行講求也，亦有無從豫行講求者。陽明曰：「良知之於節目事變猶規矩尺度之於方圓長短也。節目事變之不可豫定猶方圓長短之不可勝窮也。舜之不告而取豈舜之前已有不告而娶者爲之準則邪？抑亦求諸一念之良知權輕重之宜不得已而爲此邪？武之不葬而興師豈武之前已有不葬而興師者爲之準則邪？抑亦求諸一念之良知權輕重之宜不得已而爲此邪後之人不務致其良知以精察義理於此心感應酬酢之間顧欲懸空討論此等變常之事執之以爲制事之本其亦遠矣」懸空討論變常之事愈詳則致其良知之功愈荒，致其良知之功愈荒則感應酬酢之間愈不能精察義理。

悉當是卻行而求及前人也。故曰：「在物爲理處物爲義在性爲善因所指而異其名其實皆吾之心也吾心之處事物純乎天理，而無人欲之雜謂之善。非在事物上有定則可求也」（又曰：「良知自然的條理便謂之義順這個條理便謂之禮知這個條理便謂之智終始這個條理便謂之信」）

學所以求是也以良知爲準則以其知是知非也今有二人於此各準其良知以斷一事之是非，不能同也。而況於多人乎抑且不必異人卽吾一人之身昨非今是之事，亦不少也良知之知是知非果足恃乎？陽明曰「凡處得有善有未善及有困頓失次之患皆是牽於毀譽得喪不能實致其良知耳實致其良知然後知平日所謂善者未必是善」或謂心所安處是良知。陽明曰：「固然但要省察恐有非所安而安者」又謂「人

或意見不同還是良知有纖翳潛伏。」此說與伊川「公則一，私則萬殊，人心不同如面只是私心」之說若

合符節蓋良知雖能知是知非然恆人之良知為私欲蒙蔽已久非大加省察固未易灼見是非之真也。

然則現在之良知，遂不足為準則乎？是又不然。恆人之良知固未能造於其極然亦皆足為隨時之用。如

行路然登峯造極之境固必登峯造極而後知然隨時所見固亦足以定隨時之程途也。故曰：「我輩致知只

是各隨分量所及今日良知見在如此便隨今日所知擴充到底明日良知又有開悟便隨明日所知擴充到

底。」故曰：「昨以為是今以為非；已以為是因人而覺其非皆良知自然如此。」有言童子不能格物只教以

洒掃應對。故曰：「洒掃應對就是物童子良知只到這裏教去洒掃應對便是致他這一點良知。我這裏格物自

童子以至聖人皆是此等工夫」真可謂簡易直截矣。

致知既以心為主則必使此心無纖毫障翳而後可。隨時知是知非，隨時為善去惡，皆是零碎工夫如何

合得上本體此則賢知者之所疑也。陽明亦有以釋之。傳習錄：「問：先生格致之說隨時格物以致其知則知

是一節之知非全體之知也何以到得溥博如天淵泉如淵地位曰心之本體無所不該是一個天只為私

欲障蔽則天之本體失了。心之理無窮盡原是一個淵只為私欲窒塞則淵之本體失了。如念念致良知將此

障蔽窒塞一齊去盡則本體已復便是天淵了。因指天以示之曰：如面前所見是昭昭之天四外所見亦只是

昭昭之天只為許多牆壁遮蔽，不見天之全體若撤去牆壁，總是一個天矣於此便見一節之知，即全體之知；全體之知只一節之知總是一個本體」蓋零碎工夫皆係用在本體上零碎工夫多用得一分即本體之障蔽多去得一分及其去之淨盡即達到如天如淵地位矣此致良知之工夫所以可在事上磨練也。

以上皆陽明所以釋致良知之疑者統觀其說精微簡捷可謂兼而有之矣。梨洲曰：「先生閔宋儒之後，學者以知識為知謂人心之所有者不過明覺而理為天地萬物之所公共必窮盡天地萬物之理然後吾心之明覺與之渾合而無間說是無內外其實全靠外來聞見以填補其靈明。先生以聖人之學心即理也故於格物致知之訓不得不言致吾心之良知於事事物物則事事物物皆得其理以知識為知則輕浮而不實，故必以力行為工夫良知感應神速無有等待本心之明即知不欺本心之明即行也不得不言知行合一。」龍溪曰：「文公分致知格物為先知誠意正心為後行故有游騎無歸之慮必須敬以成始涵養本原始於身心有所關涉若知物生於意格物物正是誠意工夫誠即是敬一了百了不待合之於敬，而後為全經也。」蕺山曰：「朱子謂必於天下事物之理件件格過以幾一旦豁然貫通故一面有存心一面有致知之說。非存心無以致知而存心又不可以不致知兩事遞相君臣迄無把柄既已失之支離矣。至於存心之中分為兩條曰靜而存養動而省察致知之中又復分為兩途：曰生而知之者義理禮樂名物必待學而後有以驗其是非

之實安往而不支離也？」此朱學與王學之異也。

良知之說以一念之靈明爲主凡人種種皆可掩飾，惟此一念之靈明，決難自欺。故陽明之學進德極其

勇猛勘察極其深切。陽明嘗謂「志立而學半」又謂「良知上留得些子別念卦帶便非必爲聖人之志」

又曰：「凡一豪私欲之萌只責此志不立則私欲卽退聽。一豪客氣之動只責此志不立則客氣便消除。

之功其於去人欲有如烈火之燎毛太陽一出而罔兩潛消也」此等勇猛精進之說，前此儒者，亦非無之然

無致良知之說以會其歸則其勘察終不如陽明之眞湊單微鞭辟入裏；而其克治亦終不如陽明之單刀直

入陵屬無前也。陽明之自道曰「賴天之靈偶有悟於良知之學然後悔其向之所爲者固包藏禍機作僞於

外而心勞日拙者也。十餘年來雖痛自洗剔剷艾而病根深痼萌蘗時生所幸良知在我操得其要譬猶操舟之

得舵雖驚風巨浪顛沛不已猶得免於傾覆者也」（寄鄒謙之書）包藏禍機誰則能免？苟非以良知爲舵

亦何以自支於驚風巨浪之中乎良知誠立身之大柄哉？

「心卽理」一語實爲王學驪珠。惟其謂心卽理，故節文度數，皆出於心；不待外求，心體明卽知無不盡。

亦惟其謂心卽理，故是非善惡皆驗諸心隱微之地，有勵雖有驚天動地之功猶不免於不仁之歸也。陽明曰：

「世人分心與理爲二便有許多病痛如攘夷狄尊周室都是一個私心便不當理人卻說他做得當理只心

有未純往往慕悅其所為要來外面做得好看卻與心全不相干分心與理為二其流至於霸道之偽而不自知。故我說個心即理要使知心理是一個便來心上做工夫不去襲取於義便是王道之真。」陽明此說即董子「正其義不謀其利明其道不計其功」之真詮持功利之說者往往謂無功無利要道義何用又安得謂之道義殊不知功利當合多方面觀之亦當歷長時間而後定。持功利之說者之所謂功利皆一時之功利適足詒將來以禍患自持道義之說者觀之將來之禍患皆其所自招若早以道義為念則此等禍害皆消弭於無形矣佛所以喻世俗之善為「如以少水而沃冰山暫得融解還增其厚」也功利之說與良知之說最不相容故陽明闢之甚力陽明之言曰:「聖人之學日遠日晦功利之習愈趨愈下其間雖嘗瞽惑於佛老卒未有以勝其功利之心又嘗折衷於羣儒亦未有以破其功利之見」可謂深中世人隱微深痼之病矣今之世界,孰不知其罪惡之深亦孰不知其禍害之烈試問此罪惡禍害何自來邪從天降邪從地出邪非也果不離因仍不得不謂為人何以造此罪惡成此禍害則皆計一時之功,而不計久遠之功圖小己之利,而不顧大我之利為之也此即所謂功利之見也惟舉世滔滔皆驚於功利之徒故隨功利而來之禍害日積月累而不可振救陽明之言可謂深得世病之癥結矣。

「學不至於聖人終是自棄」為學者誠皆當有此志然人之才力天實限之謂人人可以為聖人驗諸

事實終是欺人之語。此所以雖有困知勉行，及其成功一也之說，仍不能使人自奮也。陽明謂聖人之所以為聖，在其性質而不在其分量。此說出而後聖人眞可學而至，實前古未發之論也。陽明之言曰「聖人之所以為聖，只是其心純乎天理而無人欲之雜猶精金之所以為金，但以其成色足而無銅鉛之雜也聖人之才力，亦有大小不同猶金之分兩有輕重所以為精金者，在足色而不在分兩故凡人而肯為學使此心純乎天理，則亦可以為聖人。後世不知作聖之本卻專在知識才能上求聖人以為聖人無所不知，無所不能我須是將聖人許多知識才能逐一理會始得。不務去天理上著工夫徒弊精竭力從册子上鑽研名物上考索形迹上比礙。知識愈廣而人欲愈滋；才力愈多，而天理愈蔽正如見人有萬鎰精金不務鍛鍊成色無愧彼之精純而乃妄希分兩務同彼之萬鎰錫鉛銅鐵雜然而投分量愈增成色愈下及其稍末無復有金矣」又曰：「後儒只在分兩上較量所以流入功利若除去了比較分兩的心各自儘著自己力量精神只在此心純乎天理上用功。即人人自有個個圓成。便能大以成大，小以成小不假外慕無不具足。此便是實實落落明善誠身的事了。」陽明此說亦從心卽理上來。蓋惟其謂心卽理。故全乎其心卽更無欠缺。非如謂理在心外者心僅有其靈明，必格盡天下之物乃於理無不盡而克當聖之目也。（陽明又曰：「良知人人皆有聖人只是保全無些子障蔽兢兢業業亹亹翼翼自然不息便也是學只是生的分數多所以謂之生知安行。衆人自孩提之童莫

不完具此知只是障蔽多。然本體之知，自難泯息。雖問學克治也只憑他。只是學的分數多，所以謂之學知利行。」）

陽明與程朱之異，乃時會爲之不必存入主出奴之見也。蓋自周子發明「以主靜立人極」而人生之趨向始定。程子繼之發明「涵養須用敬進學在致知」而求靜之方始明。夫所謂靜者即今所謂合理而已。人如何而能合理第一當求理無不明。第二當求既明理則不至與之相違。由前之說所謂進學在致知。由後之說則所謂涵養須用敬也。求合理之初步，自只說得到如此。逮其行之既久，然後知事物當然之理，雖若在於外物。實則具於吾心。理有不明，實由心之受蔽。欲求明理，亦當於心上用功；正不必將進學涵養分爲兩事也。此非程朱之說。行之者衆體驗益深，不能見到。故使陽明而生程朱之時，未必不持程朱之說。使程朱而生陽明之世，亦未必不持陽明之說。爲學如行途後人之所行，固皆繼前人而進也。此理非陽明所不知。顧乃自撰朱子晚年定論以詒人口實。則以是時朱子之學方盛行，說與朱子相違，不易爲人所信，故借此以警覺世人。且陽明理學家非考據家，歲月先後考核未精固亦不足爲陽明病也。（朱子晚年定論者，陽明龍場悟後之作輯朱子文三十四篇皆與己說相合者謂朱子晚年之論如此；四書集注或問等其中年未定之論也。當時羅整庵即詒書辯之謂所取朱子與何叔京書四通何實卒於淳熙乙未後二年丁酉，而論孟集注始成。

後陳建撰學蔀通辨，取朱子之說一一考核其歲月，而陽明之誤益見矣。然陽明答整庵書，亦已自承歲月先

後考之未精謂意在委曲調停不得已而爲此也。○羅整庵名欽順字允升泰和人陳建字廷肇號清瀾東莞

人。）

篇十三　王門諸子

黃梨洲曰：「陽明之學始汎濫於詞章。繼而徧讀考亭之書，循序格物。顧物理吾心終判爲二無所得入。

於是出入於佛老者久之。及至居夷處困動心忍性因念聖人處此更有何道。忽悟格物致知之旨聖人之道，

吾性自足不假外求其學凡三變而始得其門。自此以後盡去枝葉一意本原以默坐澄心爲學的。有未發之

中始能有發而中節之和其視聽言動大率以收斂爲主發散是不得已。江右以後專提致良知三字默不假坐，

心不待澄不習不慮出之自有天則。蓋良知卽是未發之中此知之前更無未發良知卽是中節之和此知之

後更無已發此知自能收斂不須更主於收斂。此知自能發散不須更期於發散收斂者感之體靜而動也。發

散者寂之用動而靜也。知之眞切篤實處卽是行行之明覺精察處卽是知無有二也。居越以後所操益熟所

得益化。時時知是知非時時無是無非開口便得本心更無假借湊泊如赤日當空而萬象畢照是學成之後

又有此三變也。」陽明江右以後境界乃佛家所謂中道非學者所可驟幾。其自言教人之法則曰：「吾昔居

滁時見諸生多務知解，無益於得姑教之靜坐。一時窺見光景頗收近效。久之漸有喜靜厭動流入枯槁之病。

故邇來只說致良知。良知明白隨你去靜處體悟也好。隨你去事上磨鍊也好。良知本體原是無動無靜的。」

良知本體既無動無靜，即不當更有動靜之分且無更何有於偏主？然後來學者似皆不能無所偏。

則以中道非夫人所能各因其性之所近，而其用力之方有不同其所得途有不同也。

陽明之學首傳於浙中。浙中王門以緒山龍溪爲眉目而二子之學即有異同具見於傳習錄及龍溪之

天泉證道記。此事爲王門一重公案爲陽明之學者議論頗多今略述其事如下：

嘉靖六年九月，陽明起征思田將行緒山與龍溪論學。緒山舉陽明教言曰：「無善無惡心之體。有善有惡意

之動知善知惡是良知爲善去惡是格物。」龍溪曰：「此恐未是究竟話頭若說心體是無善無惡意亦是無

善無惡知亦是無善無惡物亦是無善無惡矣若說意有善惡畢竟心體還有個善惡在」緒山曰「心體是

天命之性原無善無惡但人有習心意念上見有善惡在格致誠正脩此是復性體工夫若原無善惡工夫亦不

消說矣是夕坐天泉橋請正於陽明。陽明謂：「二君之見正好相資不可各執一邊我這裏接人原有二種利

根之人直從本源上悟入人心本體原是明瑩無滯原是個未發之中利根之人一悟本體即是工夫人己內

外，一齊俱透其次不免有習心在，不體受蔽。故且教在意念上實落為善去惡。工夫熟後，渣滓去盡，本體亦明

淨了。汝中之見是我接利根人的。德洪之見，是我為其次立法的。相取為用則中人上下皆可引入於道若執

一邊，眼前便有失人便於道有未盡」既而曰：「利根之人世亦難遇人有習心，不教他在良知上實用為善

去惡工夫只去懸空想個本體一切事為俱不著實，不是小小病痛不可不早說破」

以上略據傳習錄。龍溪所記無甚異同。而鄒東廓記其事則云：「緒山曰至善無惡者心有善有惡者意。

知善知惡是良知為善去惡是格物。龍溪云：心無善而無惡意無善而無惡知無善而無惡物無善而無惡」

至善無惡與無善無惡，頗相逕庭劉蕺山謂：「陽明天泉之言與平時常言至善是心之本體又言

至善只是盡乎天理之極。而無一豪人欲之私。又言良知即天理。有時說無善無惡者理之靜亦未嘗徑說無

善無惡是心體」黃梨洲謂：「考之傳習錄，因薛中離（薛侃字尚謙號中離廣東揭陽人）去花間草，陽明

言無善無惡者理之靜有善有惡者氣之動。蓋言靜為無善無惡。不言理為無善無惡理即是善也獨天泉證

道記有無善無惡者意之動之語。夫心之體即理也。心體無間於動靜。若心體無善無惡，

則理是無善無惡，陽明不當但指共靜時言之矣。釋氏言無善無惡正言無理也善惡之名從理而立既已有

理安得言無善無惡」「心體果是無善無惡則有善有惡之意從何處來？知善知惡之知又從何處來？為善

去惡之功，從何處起？無乃語語斷流絕港乎」因謂四句教法，陽明集中不經見，疑其出於龍溪，又謂緒山所

舉四語首句當依東廓作至善無惡亦緒山之言非陽明立以為教法。何善山（何廷仁，字性之，號善山，江西

零縣人）云「無善無惡者指心之感應無迹過而不留天然至善之體也有善有惡者心之感應謂之意物

而不化著於有矣故曰意之動。若以心為無以意為有是分心意為二非合內外之道也」案此所爭皆失緒

山之意。緒山釋無善無惡者心之體曰：「至善之體惡固非其所有善亦不得而有也。至善之體虛靈也。虛靈

之體不可先有乎善猶明之不可先有乎色聰之不可先有乎聲也目無一色故能盡萬物之色耳無一聲故

能盡萬物之聲心無一善故能盡天下萬事之善今之論至善者乃索之於事事物物之中，先求其所謂定理

者以為應事宰物之則是虛靈之內，先有乎善是耳未聽而先有

乎色也塞其聰明之用，而窒其虛靈之體，非至善之謂矣。今人乍見孺子入井皆有怵惕惻隱之心聖人不能

加而塗人未嘗減也。但塗人擬議於乍見之後濟入納交要譽之私耳然則塗人之學聖人果憂怵惕惻隱之

不足邪抑去其蔽以還其乍見之初心也虛靈之蔽不但邪思惡念雖至美之念先橫於中積而不化已落將

迎意必之私而非時止時行之用矣。故先師曰無善無惡者心之體。是對後世格物窮理之學先有乎善者言

之也」然則緒山所謂無善無惡，即其所謂至善者也。（龍溪東廓所記辭異意同。○緒山又曰「善惡之機，

縱其生滅相尋於無窮，是藏其根而惡其萌糵之生，濁其源而辨其末流之清也。是以知善知惡爲知之極，而不知良知之體本無善惡也。知有爲有去之爲功，而不知究極本體施功於無爲乃眞功也。正念無念正念之念本體常寂。」或問「胸中擾擾必猛加澄定方得漸清。」曰「此是見上轉有事時此知著在事上事過此知又著在盧上動靜二見不得成片若透得此心澈底無欲，雖終日應酬百務本體上何曾加得一豪乎即

休，一過無迹本體上何曾減得一豪？」可與前所引之言參看。○周海門謂：「發明心性處善不與惡對。如中心安仁之仁，不與忍對主靜立極之靜不與動對大學善上加一至字實絕名言無待之辭。天地貞觀不可以貞觀爲天地之善日月貞明不可以貞明爲日月之善星辰有常度不可以有常度爲星辰之善嶽不可以嶹爲善川不可以流爲善有不孝而後有孝子之名有不忠而後有忠臣之名孝子無若有孝便非孝矣；臣無忠若有忠便非忠矣。」亦與緒山之說相發明。○海門名汝登字繼元嵊縣人）蕺山梨洲所疑可以釋矣。至善山所疑亦在字句之間。彼所謂「感應無迹過而不留」者，即陽明所謂「理之靜」亦即其所謂「盡乎天理之極，而無一豪人欲之私。」其所謂「物而不化著於有」者，即其所謂「氣之動」亦即其所謂「人欲」二者自然皆出於心特龍溪東廓所記皆辭取對偶徑以心與意爲相對之詞未嘗詳言之曰「無善無惡心之體有善有惡乃心之動而離乎體者亦謂之意」又未嘗於意字之下加一注語曰：「即心之動而失

理學 綱要

一七八

其體者」遂致有此誤會耳。（梨洲曰：「如善山之言，則心體非無善無惡，而有善有惡者意之病也心既至

善意本澄然無動意之靈即是知意之明即是物。」案此亦立名之異梨洲名澄然無動者為意動而不善者

為意之病。緒山則名澄然無動者為心其動而不善者則但名之為意耳。）

羅念菴曰：「緒山之學數變其始也，有見於為善去惡者以為致良知也。已而曰：良知者，無善無惡者也。

吾安得執以為有而為之？而又去之己又曰：吾惡夫言之者淆也。無善無惡者見也。非良知也吾惟即吾所知

以為善者而行之以為惡者而去之此吾所能為者也其不出於此者非吾所得為也又曰向吾之言猶二也

非一也。夫子嘗有言矣曰至善者心之本體，動而後有不善也吾不能必其無不善吾無動焉而已彼所謂意

者動也非是之謂動勤也吾所謂勤動於為者也吾惟無動則在吾者常一矣」所謂「動於動」者即陽明

所謂「氣之動」之至微者也。故知緒山之言與陽明實不相背也。

至龍溪所謂「心體是無善無惡則意亦是無善無惡知亦是無善無惡物亦是無善無惡若說意有善

惡，畢竟心體還有個善惡在」者證道記自申其說曰「顯微體用只是一機心意知物只是一事天命之性，

粹然至善神感神應其機自不容已惡固本無善亦不可得而有也若有善有惡則意動於物非自然之流行，

著於有矣自然流行者動而無動著於有者動而動也」此原即緒山「虛靈之體不可先有乎善」善山「至

善之體感應無迹，過而不留；物而不化則爲動；陽明「理之靜，氣之動」之說其所爭者乃謂當在心體上

用功不當在意念上用功故曰：「意是心之所發若是有善有惡之意則知與物一齊皆有，心亦不可謂之無

矣。」龍溪之意蓋謂意念之生皆由心體流行之不得其當吾人用功當眞徹根源正其流行之體不當沿流

逐末，以致勞而少功也。職是故其教人，乃以正心爲先天之學誠意爲後天之學其言曰：「吾人一切世情嗜

欲皆從意生心本至善動於意始有不善能在先天心體上立根則意所動自無不善；世情嗜欲自無所容致

知工夫自然易簡省力若在後天動意上立根不免有世情嗜欲之雜致知工夫轉覺煩難」其言誠極超妙。

然其所謂先天心體者實使人無從捉摸所謂致知工夫遂使人無從下手此則陽明所以有利根人難遇苟

非其人懸空想象一個本體一切事爲俱不着實病痛非小之戒也。龍溪曰：「良知卽是獨知」又曰：「獨知

便是本體慎獨便是工夫」其說獨知曰：「非念動後知乃先天靈竅不因念生遷不與萬物作對」

其說慎獨之工則曰：「慎非強制之謂。兢兢業業保護此靈竅還他本來清淨」而已。又曰：「渾然一體無分於已

發未發亦無先後內外才認定些子便有認定之病。隨物流轉固是失卻主宰卽曰我於此收斂握固便有樞

可執以爲致知之實未免猶落內外二見。才有執著終成管帶卽此管帶便是放失之因。」其言之超妙如此，

誠令學者體悟不及，功力難施，故梨洲謂其「一著工夫未免有礙虛無之體則不得不近於禪流行卽是主

宰懸崖撒手茫無把握以心息相依爲權法，則不得不近於老。」蓋幾於靜處體悟事上磨錬，兩無依據矣。唐

荆川（名順之，字應德，武進人）最服膺龍溪，自言於龍溪只少一拜，然其言曰：「近來談學，謂認得本體，一

超直入不假階級。竊恐雖中人以上有所不能，竟成一番議論一番意見而已」又曰「近來學者病痛本不

刻苦搜剔洗空欲障以玄妙之語文夾帶之心直如空花竟成自誤」過高之流弊亦可見矣。

　錢緒山曰：「昔者吾師之立教也揭誠意爲大學之要旨致知格物爲誠意之功門弟子聞言皆得入門

用力之地用力勤者究極此知之體使天則流行纖翳無作千感萬應而真體常寂此誠意之極也故誠意之

功自初學用之，即得入手自聖人用之，精詣無盡吾師旣歿吾黨病學者善惡之機生滅不已乃於本體提揭

過重闖者遂謂誠意不足以盡道必先有悟而意自不生格物非所以言功必先歸寂而物自化遂相與虛憶

以求悟，而不切乎民彝物則之常執體以求寂而無有乎圓神活潑之機師云誠意之極，止至善而已矣。是止

至善者未嘗離意而得也言止則不必言寂而寂在其中言至善則不必言悟而悟在其中然皆必本於誠

意焉何也？蓋心無體心之上不可以言功也應感起物而好惡形焉於是乎有精察克治之功誠意之功極則

體自寂而應自順初學以至成德徹始徹終無二功也」案此所謂「誠意不足以盡道必先有悟而意自不

生」者，即龍溪之說也。緒山謂「心之上不可以言功」必於應感起物之時致其精察克治即爲善去惡是

格物之說，二家宗旨之不同如此。至所評歸寂之說，則出於聶雙江。

陽明之致良知原兼靜處體悟，事上磨鍊兩義其後浙中之學偏於事上磨鍊，遂有義襲助長之病其主

於凝聚者則江右諸家也。江右王門、東廓、雙江、念菴、兩峯皆有特見今略述其說。

東廓主戒懼其言曰：「敬也者良知之精明而不雜以私欲者也。性體流行合宜處謂之善障蔽而壅塞

處，謂之不善忘戒懼則障蔽而壅塞無往非戒懼之流行，即無往非性體之流行矣戒懼，禹之治水也。提而過

之與不決不排其失維鈞」東廓嘗曰：「諸君試驗心體，是放縱的？不放縱的？若是放縱的添個戒懼卻是加

了一物若是不放縱的，則戒懼是復還本體此即所謂「一念不發兢業中存」蓋以此保其循理之靜也。

雙江主歸寂雙江常為陝西按察副使為輔臣夏言所惡罷歸逮繫開久靜極忽見此心真體光明瑩澈，

萬物皆備出獄後遂與來學者立靜坐法。使之歸寂以通感執體以應用謂獨知是良知萌芽處與良知似隔

一塵此處著力雖與半路脩行不同要亦是半路話頭致虛守寂方是不睹不聞之學歸根復命之要故夫子

於感卦特地提出虛寂二字以立感應之本其言曰：「心無定體之說謂心不在內也，百體皆心也萬感皆心

也亦嘗以是求之譬之追風逐電瞬息萬變茫然無所措手徒以亂吾之衷也。」又曰：「無時不寂無時不感者，

心之體也感惟其時而主之以寂者學問之功也故謂寂感有二時者非也謂功夫無分於寂感而不知歸寂

以主夫感者又豈得爲是哉不識不知順帝之則惟養之豫者能之臨事而擇不勝憧憧中亦襲也況未必中

乎」（雙江謂「感物之際加格物之功是迷其體以索用。）雙江之學同門多相駁難惟念菴深相契。兩

峯晚乃是之。梨洲謂「陽明之學本以靜坐澄心爲的之愼獨便是致中中立而和生焉。先生之學實傳習錄中

之正法眼藏也」（雙江之學主於致中而和應其餘諸家則大抵謂已發未發非有二候致和卽所以致中。

其說曰「以流動爲感則寂感異象微波卽蕩感皆爲寂累固不待特之反覆而後失其虛明之體若以鑑物

爲感則終日鑑固無傷於止也若患體之不正故鑑之不明亦當卽鑑時言之不當離鑑以求止何則其本體

常鑑不可得而離也若欲涵養本原停當而後待其發而中節此延平以來相沿之學非孔門宗旨矣」）雙江

則謂「未發寂然之體未嘗離家國天下而別有其物，卽感而寂然者在焉耳格致之功通於寂感體用。」）

念菴之學主於收攝保聚。是時陽明門下之談學者皆曰：知善知惡卽是良知。依此行之，卽是致知。其弊

也取足於知而不原其所以良且易致字爲依字失養其端，而任其所發遂至以見存之知爲事物之則以外

交之物爲知覺之體而不知物我之倒置矣。念菴謂善惡交雜豈卽爲主於中者乎中無所主而謂知本常明

不可也。知有未明，依此行之，而謂無乖戾於旣發之後，能順應於事物之來不可也。故知善知惡之知隨出隨

泯特一時之發見焉耳一時之發見未可盡指爲本體則自然之明覺固當反求其根原故必有收攝保聚之

功，以爲充達長養之地；而後定靜安慮，由此以出故致知者，致其靜無動有焉者也。非經枯槁寂寞之後，一切

退聽天理炯然，未易及此其言曰：「不視不聞即吾心之常知處。自其常知不可以形求者謂之不視；不可以

言顯者謂之不聞，非杳冥之狀也。諸念皆泯，炯然中存亦即吾之一事此處不令他意攙雜即是必有事焉。

又曰：「良知該動靜合內外其統體也吾之主靜所以致之蓋言學也蓋動而後有不善有欲而後有動動於

欲而後有學者學其未動焉者也學其未動而動斯善矣動無動矣」「故自良知言之無分於已發未發

也自知之所以能良者言之則固有未發者以主之於中夫至動莫如心聖人猶且危之苟無所主隨感而發，

譬之馭馬銜勒去手求斯須馳驟之中度豈可得哉」念菴之說如此實足救一時之流弊也。

然念菴後來又有進於此者其告龍溪曰：「一二年來與前又別當時之爲收攝保聚偏矣蓋識吾心之

本然者猶未盡也。以爲寂在感先不免於指感有時以爲感由寂發不免於指寂有處其流之弊必至重於爲

我疏於應物蓋久而後疑之夫心一而已自其不出位而言謂之寂非守內之謂也自其常通微言之謂之感，

非逐外之謂也寂非守內故未可言內（以其能感故也）感非逐外故未可言時（以其本寂故也）絕感

之寂非眞寂矣離寂之感非眞感矣此乃同出而異名吾心之本然酬酢萬變而於寂者未嘗有礙非不礙也，

吾有所主故也苟無所主則亦馳逐而不反矣聲臭俱泯而於感者未嘗有息非不息也吾無所倚故也苟有

所倚，則亦膠固而不通矣。此所謂收攝保聚之功，君子知幾之學也。學者自信於此灼然不移，即請之守寂可

也，謂之妙感亦可也；謂之主靜可也，謂之愼動亦可也。使於眞寂端倪果能察識隨動隨靜，無有出入，不與世

界事物相對待不倚自己知見作主宰，不著道理名目生證解；不藉言語發揮添精神，則收攝保聚之功，自有

準則矣。」案此論誠有契於心體之妙。宜龍溪之聞其說而無閒然也。

兩峯之學以涵養本原爲主。梨洲曰：「雙江主於歸寂同門辯說動盈卷軸。先生言：發與未發本無二致。

戒懼愼獨本無二事。若云未發不足以兼已發致中之外別有一段致和之功是不知順其自然之體，而加損

焉以學而能以慮而知者也。又言事上用功雖愈於事上講求道理均之無益於得也。涵養本原愈精愈一愈

一愈精始是心事合一。又言吾心之體本止本寂參之以意念，飾之以道理侑之以聞見，遂以感通爲心之體。

而不知吾心雖千酬萬應紛紜變化之無已，而其體本常止常寂。彼以靜病之者似涉靜景，非爲物不貳生物

不測之體之靜也。凡此所言與雙江相視莫逆，故人謂雙江得先生而不孤云。」

塘南思默皆王門再傳弟子然其所言實有視前輩爲進者。陽明歿後致良知一語，學者不深究其旨，多

以情識承當雙江、念菴舉未發以救其弊終不免頭上安頭塘南謂：「生生之機無有停息不從念慮起滅今

人將發字看粗以澄然無念爲未發。澄然無念是謂一念乃念之至微者非無念也生生之機無一息之停正

所謂發覺之澄潭之水，乃流之至平至細者，非不流也。未發水之性。

與性爲二物曰歧。惟時時冥念研精入神乃爲道之所存」又曰：

者。知者意之體。物者意之用。但舉一意字則寂感體用悉具有性則常發而爲意有意則漸著而爲念意不可

以動靜言動靜者意也意本生生造化之幾不充則不能生。故學貴從收斂入收斂卽愼獨此凝道之樞要也。

欲悟未有天地之先言語道斷心行處滅乃爲不學不慮之體此正邪說淫辭以念頭轉動爲生幾則落第二

義矣」其分別生生之機與意念實絕精之論也（塘南曰「性之一字本不容言無可致力知覺意念總是

性之呈露皆命也性者先天之理知屬發竅是先天之子後天之母也。此知在體用之間若知前求體則著空

知後求用則逐物。知前更無未發知後更無已發合下一齊俱了更無二功故曰獨獨者無對也無對則一故

曰不貳意者知之默運非與之對立而爲二也。是故性不假修只可云悟命則性之呈露不無習氣隱伏其中

此則有可修矣修命者盡性之功」又曰：「性廓然無際生幾者性之呈露處也性無可致力善學者惟研幾

研幾者非於念頭萌動辨別邪正之謂也此幾生而無生至微至密非有非無綿綿若存退藏於密庶其近

之矣」）

　　思默亦主研幾其說曰：「所知因感而有用之發也能知不因感有常知而常無知體之微也此體是右

今天地人物之靈根於穆中一點必不能自己之命脈。聖門學者惟顏子在能知上用功，其餘多在所知上用力。」又曰：「誠無爲幾則有善惡何者？凡動便涉於爲便易逐於有，則雖善亦粗多流於惡。故學問全要研幾研者研磨之謂研磨其逐有而粗者務到極深極微處常還他動而未形有無之間的本色則無動非神矣」其說亦極入微也。

傳姚江之學者當以泰州爲最雄偉而其流弊亦最甚。泰州之學，始自心齋其行本怪其學又純是蒲輪轍環意見（王艮字汝止號心齋泰州安豐場人七歲受書鄉塾貧不能竟學從父商於山東常袖孝經論語、大學逢人質難久而信口談解，如或啓之雖不得專功於學然默默參究以經證經歷有年所人莫能窺其際也。一夕夢天墮壓身萬人奔號求救。先生舉臂起之視其日月星辰次復手整之覺而汗溢如雨，心體洞徹自此行住語默皆在覺中乃按禮經裂五常冠深衣大帶笏板服之曰：「言堯之言行堯之行，而不服堯之服可乎？時陽明巡撫江西，講良知之學大江之南學者翕然信從顧先生僻處未之聞也有黃文剛者，吉安人也而寓泰州聞先生論詫曰此絕類王巡撫之談學也。先生喜曰：有是哉？王公論良知民談格物如其同也是天以王公與天下後世也如其異也是天以民與王公也即日啓行以古服進見至中門舉笏而立。陽明出迎於門外始入先生據上坐辯難久之稍心折移其坐於側論畢乃歎曰：「簡易直截民不及也」下拜，

稱弟子退釋所聞，間有不合悔曰：「吾輕矣。」明日入見告之陽明曰：「善哉子之不輕信從也。」先生復上坐辯難久之始大服遂爲弟子如初陽明謂門人曰：「向者吾擒宸濠，一無所動今卻爲斯人動矣。」陽明歸越，先生從之來學者多從先生指授已而歎曰：「千載絕學天啓吾師可使天下有不及聞者乎？」因問陽明以孔子輒環車制陽明笑而不答歸自創蒲輪招搖道路將至都有老叟夢黃龍無首行雨至崇文門，變爲人立。晨起往候而先生適至時陽明之學謗議蠭起，而先生冠服言動不與人同都人以怪魁目之同門在京者勸之歸陽明亦移書責之。先生始還會稽陽明以先生意氣太高行事太怪痛裁抑之及門三日不得見陽明送客出門，先生長跪道旁，陽明不顧而入。先生隨之至庭下厲聲曰：「仲尼不爲已甚。」陽明乃揖之起。陽明卒於師，先生迎哭至桐廬經紀其家而後返開門授徒遠近皆至同門會講者必請先生主席。陽明而下辯才推龍溪然有信有不信惟先生於眉睫之間省覺人最多。先生以九二見龍爲正位孔子修身講學以見於世未嘗一日隱也有以伊傅稱先生者先生曰：「伊傅之事我不能，伊傅之學我不由伊傅得君可謂奇遇如其不遇終身獨善而已孔子則不然也」黃梨洲曰：「此終是蒲輪轍環意見於遯世不見知而不悔之學終隔一塵也」）故其後多豪傑之士而其決裂亦最甚焉心齋格物之說以身與天下國家爲物。身爲本天下國家爲末行有不得皆反求諸己是爲格物工夫故齊治平在於安身知安身者必愛身敬身愛

理學綱要 一八八

身敬身者，必不敢不愛人不敬人愛人者人恒愛之，敬人者人恒敬之，而身安矣。一家愛我、敬我則家齊。一國

愛我敬我則國治天下愛我敬我則天下平亦仍是蒲輪輵環意見也。心齋弟子著者爲王一菴（名棟字隆

吉泰州人。）徐波石（名樾字子直貴溪人）一菴謂誠意即慎獨其說頗精（其說曰：「身之主宰謂之心，

心之主宰謂之意心者虛靈善應而其中自有寂然不動者爲之主宰，是之爲意人心所以應萬變而不失者，

只緣有此靈體不慮而知爲之主宰耳聖狂之分即在此主宰之誠不誠。故誠意工夫即是慎獨獨者意之別

名。慎者誠之用力者耳以此靈體不慮而知，自作主張自裁生化故謂之獨少間攙以見聞才識之能情感利

害之便則不可謂之獨矣若謂意爲心之發動而欲審機於動念之初則情念一動便屬流行，於此用功恐

卒之際物化神馳雖有敏者莫措其手非非聖門誠意之功先天易簡之學矣」）波石之學則以不犯手爲妙。

謂人心自然明覺起居食息無非天者又從而知覺之是二知覺也所謂「見成良知」也。波石之學傳諸顏

山農（名鈞吉安人）及趙大洲（名貞吉字孟靜內江人）。山農好俠學主率性而行。大洲亦謂禪不害人。

山農之學傳諸何心隱（本姓梁名汝元字夫山後自改姓名吉州永豐人）及羅近溪（名汝芳字維德江

西南城人。）心隱亦豪傑之士嘗授計亂者以去嚴嵩近溪之學以赤子良心不學不慮爲的以天地萬物同

體徹形骸忘物我爲大謂「此理生生不息。不須把持不須接續當下渾淪順適工夫難得湊泊即以不屑湊

泊爲工夫胸次茫無畔岸便以不依畔岸爲胸次。解纜放船順風張掉，無之非是學人不省，妄以澄然湛然爲心之本體沈滯胸膈高留戀景光是爲鬼窟活計」實禪語之精者也。近溪之傳爲焦澹園（名竑，字弱侯南京旗手衛人）及周海門（見前）澹園嘗駁明道闢佛之說海門敎人亦以直下承當爲貴嘗問門人劉塙曰：「信得當下否」曰「信得」「然則汝是聖人否」曰：「也是聖人」曰「又多一也字」洪舒民問：「認得心時聖人與我一般今人終身講學到底只做得鄉人何也」曰「只是信不及耳汝且道今日滿堂問答詠歌一種平心實意與杏壇時有二乎」曰：「無二也。」曰「如此何有鄉人之疑？」曰：「只爲他時便不能如此。」曰：「違則便覺依舊不違」曰「常常提起方可」曰：「違則提起不違個甚麼」皆禪機也海門之學傳諸陶石簣（名望齡字周望會稽人）亦汎濫方外與澄然澄密、雲悟諸僧交。大洲之學傳諸鄧太湖（名豁渠初名鶴內江人）太湖嘗爲僧其學只主見性不主戒律身之與性截然分爲兩事又有方湛一者（名與時黃陂人）曾入太和山習攝心術又得黃白術於方外尙玄虛侈談說龍溪念菴皆目爲奇士耿楚侗（名定理字子庸黃安人）初出其門後知其僞去之事鄧豁渠何心隱皆有得不煩言說當機指點機鋒迅利其兄天臺（名定向字在倫）則排斥狂禪力主實地然其弟子管東溟（名志道字登之婺江人）著書數十萬言仍多鳩合儒釋蓋其末流之勢業已不可遏止也。

王學流傳梨洲明儒學案分爲七派（浙中江右南中楚中北方粤閩泰州）其蕲然見頭角者實惟浙中、江右、泰州江右最純謹浙中之龍溪泰州之心齋天分皆極高然其後流弊皆甚論者謂陽明之學得龍溪、心齋而風行天下亦以龍溪心齋故決裂不可收拾焉蓋浙中之龍溪其後流弊上安排湊泊則失之淺俗玩弄本體以爲別有一物可以把持則墮入魔障而純任流行尤易致解纜放船絕無收束更益以泰州之猖狂機變逐無所不至矣清張武承（名烈大與人）撰王學質疑攻王學流弊曰：「高者脫略職業歇睡名庵卑者日沈迷於酒色名利案有楞嚴南華者爲名士挾妓呼盧裸而夜飲者爲高致抗官犯上聚噪而不遜者爲氣節矯詐嗜僥倖苟利者爲眞經濟謹嗚綱常重廉隅者爲宋頭巾舉天下庠序之士如沸如狂入則詬於家出則譁於朝閭獻之形日積於學士大夫之心術而天下不可爲」流弊如此宜其爲一世所疾惡也然如張氏所述之情形何代無之則亦不必盡歸咎於王學耳。

篇十四　有明諸儒

明代理學當以陽明爲中心前乎陽明者如白沙則陽明之先河與陽明並時者如甘泉則與陽明相出入後乎陽明者如蕺山如見羅則與陽明小異其趣者也故陽明之學是非然否且弗論其爲明代理學之中

心，則好之者惡之者皆不能有異辭也。

白沙之學主靜中養出端倪其初求之簡册，累年無所得。一朝以靜坐得之然後見此心之體廣大高明，

不離日用。一真萬事本自圓成不假人力，無內外大小精粗一以貫之其言曰：「人爭一個覺才覺便我大而

物小物有盡而我無盡。」又曰：「終日乾乾只是收拾此理而已。此理干涉至大，無內外無終始無一處不到，

無一息不運會此則天地我立萬化我出而宇宙在我矣得此把柄入手更有何事往古來今四方上下一齊

穿紐一齊收拾隨時隨處，無不是這個充塞色色任他本來何用脚勞手攘」

白沙之學吃緊工夫全在涵養以虛為本以靜為門戶以勿忘勿助之間為體認之則。或訾其近禪或謂

有明之學至白沙而後精至陽明而後大云或問龍溪：「白沙與陽明同異」？龍溪曰「白沙緣世人精神撒

潑向外馳求欲返其性情而無從入只得假靜中一段行持窺見本來面目以為安身立命根基所謂權法也。

若致知宗旨不論語默動靜從人情事變徹底鍊習以歸於元譬之真金為銅鉛所雜不遇烈火烹熬則不可

得而精師門有三種教法從知解而得者謂之解悟未離言詮從靜中而得者謂之證悟猶有待於境從人事

鍊習而得者忘言忘境觸處逢源愈搖動愈凝寂始為徹悟」龍溪教人向偏於事上磨鍊此說亦不離此恉。

然白沙與姚江之大小則於此可見矣。

與陽明同時並稱者厥惟甘泉（湛若水字元明號甘泉廣東增城人。）甘泉為白沙弟子。陽明嘗溺於二氏，與甘泉交乃一意聖學。陽明主致良知，而甘泉標「隨處體認天理」為宗旨兩家各立門戶。湛氏門人，不如王氏之盛然當時學於湛者或卒業於王者或卒業於湛其後名湛氏之學者亦多，湛氏亦有明一大師也。

甘泉之說，有與陽明極相似者其說天理曰：「天理二字人人固有，非由外鑠不為堯存不為桀亡故人皆可以為堯舜初學與聖人同此心同此一個天理雖欲強無之不得。見孺子入井見餓莩過宗廟到墟墓見君子不知不覺萌動出來遏他又遏不得。有時志不立習心蔽障忽不見了蓋心不存故也心若存時自然見前。」此猶陽明之言良知也又曰：「心存得中正時便見天理。」又曰：「心中無事天理自見」亦以天理為在心又曰：「後世儒者認行字別了皆以施為班布者為行殊不知行在一念之間耳自一念之存以至於事為之施布皆行也且事為施布豈非一念為之乎所謂存心即行也。」此亦陽明知行合一之說也所異者陽明以為心即理甘泉則雖謂理在吾心終不免體認於外以足之耳。

甘泉之說曰：「格至也物天理也即道格即造詣之義格物即造道也。知行並進學問思辨行，所以造道也故讀書親師友酬應隨時隨處皆求體認天理而涵養之無非造道之功」此純似程子「窮理亦多端」

之說。然甘泉又不甘居於務外乃曰：「以隨處體認爲求之於外者，非也。心與事應，然後天理見。天理非在

外也，特因事之來，隨感而應耳」又曰：「堯舜允執厥中非獨以事言，乃心事合一。允執之者，照合於心與心

爲一，非執之於外也。若能於事物上察見天理，平時涵養由中正出，卻由仁義行之學，平時無存養工夫事到

面前，才尋討道理，卽是行仁義，卽是義襲而取之者也。」既曰天理爲人人所固有，初學與聖人無

異，又必待事物上察見，未免自相矛盾若曰心與事應而後天理見，則心豈有不感時邪？甘泉蓋恐人墮入見

成良知一路，故欲加之以學問思辨行之功（或問：「先生嘗言是非之心，人皆有之此便是良知，亦便是天

理，依著自己是非之心，存養擴充將去便是致良知。然而外人多言先生不欲學者

言良知，豈慮其體察未到將誤認於理欲之間，途以爲眞知也邪？」曰：「如此看得好，良知二字自孟子發之，

豈不欲學者言之但學者往往徒以爲言皆說心知是非皆良知得是便行到底知得非便去到底，如是是

致。恐師心自用還須學問思辨行，乃爲善致。」）而不知言精察於吾心之理，以爲規矩準繩而施之於事爲，

與體認於事物之上以求吾心天理之著見，然後持之以爲應事之具，其簡直迂曲則大有別矣若謂離事物

無從精吾心之理則又有說。甘泉之言曰：「陽明與吾看心不同吾所謂心體萬物而不遺者也，故無內外。陽

明所謂心指腔子裏而爲言者也故以吾之說爲外。」（陽明謂「隨處體認天理是求之於外」。）梨洲評

之曰:「天地萬物之理不外於腔子裏,故見心之廣大。若以天地萬物之理,即吾心之理,求之天地萬物以爲

廣大,則先生仍爲成說所拘也。天理無處而心其處。心無處而寂然未發者其處體認者亦惟體認之於寂而

已。今日隨處體認毋乃體認於感其言終有病也」

或問聶雙江:「隨處體認天理何如」曰:「此甘泉揭以教人之學,甘泉得之羅豫章。豫章曰:爲學不在

多言。但默坐澄心體認天理若見天理則人欲自退聽。由此持守庶幾有功」案雙江之說殊能得其來歷。甘

泉之說實與豫章之說息息相通但豫章之說少偏於靜。甘泉不以爲然乃改「默坐澄心」爲「隨處體認」,

也。(陽明與毛古庵書:「致良知之說與體認天理之說本亦無大相遠。但微有直截迂曲之差耳嘗之種植:

欲合「靜而存養動而省察」爲一耳然欲合此二語爲一隨處體認天理實遠不如致良知之簡捷而深入

致良知者培其根本之生意而達之枝葉者也體認天理者茂其枝葉之生意而求復之根本者也)

隨處體認天理之說雖曰理在吾心實仍卽物求理之變相其失易墮於支離故其後學咸欲以直截救

之。湛門如呂巾石(名懷字汝德廣信永豐人)則以爲天理良知本同宗旨如洪覺山(名垣字峻之徽州

婺源人)則謂體認天理是不離根之體認工夫全在幾上用如唐一庵(名樞字惟中歸安人)則標討眞

心三字爲的謂隨處體認或失於反身尋討致良知或失於誤認靈明。如許敬庵(名孚遠字孟仲德清人學

於唐一庵。）則謂學以克己爲要謂人有血氣心知，便有種種交害雖未至目前，而病根常在必在根上看到

方寸地不掛一塵方是格物皆鞭辟入裏浸浸近於王學矣其初學於許敬庵後傾向王學而又能救正王學

之失者厥惟劉蕺山。

蕺山標愼獨爲宗旨其說曰：「知善知惡之知，即好善惡惡之意，亦即無善無惡之體意者，心之所存，

（心之主宰）非所發也；心之體，非心之用也；（流行爲用）與起念之好惡不同。（念有起滅意則常存常

發。）人心無思無不思無不思慮未起時必物感相乘思爲物化乃憧憧往來耳陽明以誠意爲主意致良知爲

工夫謂誠意無工夫工夫皆在致知殊不知好善惡惡即知善知惡，非知善後好知惡後惡，故更無知善知惡

之可言然則知即意也好必善惡必惡故心善意者心之所存好善惡惡之心即好善惡惡之意故意有善而

無惡。（惡惡即惡不善即好善）此所謂獨知也良知不慮而知誠者不思而得故誠即知致也者誠

之者也離卻意根一步即無致知可言故誠意愼獨非二事宋儒不從愼獨認取故不得不提敬於格物之前。

陽明云有善有惡者意之動。是以念爲意善惡雜糅何處得覓歸宿？宋儒不提致良知三字遂致以流行心體承當。

今知誠意即愼獨離意根一步即妄而不誠，則愈收斂是愈推致而動而省察可廢何也存養不專屬靜省察

正存養之得力處也。」案蕺山之說蓋宗江右而尤於塘南爲近。

初為陽明之學，而後變焉者又有李見羅（名材，字孟城，豐城人。學於鄒東廓。）見羅提止修二字，以止為主意修為工夫。謂「人生而靜以上是至善發為惻隱羞惡辭讓是非四端有善便有不善知是流動之物，都已向發邊去以此為致遠於人生而靜以上之體」故主「攝知歸止」「刻刻能止則視聽言動各當其則不言修而修在其中稍有出入不過點檢提撕修之工夫使常歸於止而已」見羅闢陽明之說曰：「釋氏以知覺運動為性吾儒本天故於性上只道得一個善字就於發用之際見其善之條理惻隱名仁羞惡名義，辭讓名禮是非名智未嘗云有善無不善也。後儒曰：無善無惡者心之體以其就知上看體知固有良有不良故也。玉本無瑕只合道個白不可云有白無黑水本無汙只合道個清不可云有清無濁。無善無惡既均作善作惡亦等。何也？總之非吾性所有也見性一差弊至於此則知知覺運動不可言性之學斷須本天程朱之論固自有其獨到之處也」案見羅此辯殊失陽明本意。參觀前兩篇自明。見羅又謂「致知二字並列於八目之中。知本知止特揭於八目之外略知本而揭致知五尺之童知其不可。自古之欲明明德至壹是皆以修身為本群數事物而歸本於修身。知止在此知本在此。知本者知修身為本而本之。知止者知修身為本而止之，即止於至善也」合「此謂知本」之本與「壹是皆以修身為本之本」為一亦未必其遂安耳。

東林之學，與陽明有異同者爲顧涇陽（名憲成字叔時，無錫人）及高景逸。（名攀龍字存之，無錫人。）涇陽提出性字謂「性是心之根柢舍性言心必墮情識」「善卽心之本色說恁著不著明目之本色聰耳之本色說得個不著否何云無善乃不著於善耶？」景逸主格物謂「不窮其理物是外物窮其理物卽吾心」「學者無窮工夫心之一字是大總括心有無窮工夫敬之一字是大總括心無一事爲敬主一之謂敬無適之謂敬人心如何能無適須先窮理識其本體」「聖人只從矩不從心所欲徒知昭昭靈靈者爲心而外天下之物是爲無矩之心以應天下之物師心自用而已」「陽明曰：致知在格物者致吾心之良知於事事物物致吾心之良知於事事物物則事事物物各得其理。是格物在致知又曰格正也格正心之不正以歸於正是格物在正心誠意」「吾人日用何嘗離格物開眼便是動念便是善格物者時時知本善知本者時時格物。格物透一分則本地透一分知地透一分談良知者致知不在格物故虛靈之用多爲情識而非天則之自然去知遠矣」案高顧所關皆王學末流之弊若陽明本說則實不如是也。（景逸又曰「陽明曰有善有惡意之動善謂善念無善則無念吾以善爲性彼以善爲念也」此說亦非參看上篇錢緒山之說自明。）

篇十五　總論

以上各篇舉理學中之重要家數，一一加以論列。理學之為理學，亦略可見矣。今再統其學而略論之。

理學之特色在其精微徹底。一事之是非必窮至無可復窮之處，而始可謂定。否則畫一境以自足而曰

吾之所論者姑止於是而已，則安知所研究者出此以外而其是非不翻然大變乎？理學家則不然。或問伊川：

「人有言盡人道謂之仁，盡天道謂之聖。此語何如？」曰：「安有知人道而不知天道者？道一也，豈人道自是

一道，天道自是一道？」揚子曰通天地人曰儒，通天地而不通人曰技，此亦不知道之言也。豈有通天地而不通於

人者哉？天地人只一道也。才通其一則餘皆通。如後人解易言乾天道也，坤地道也，便是亂道語其體則天尊

地卑，論其道豈有異哉？」橫渠答范巽之云：「所訪物怪神姦此非難語顧語未必信耳。孟子所論，知性知天。

學至於知天則物所從出當源源自見。知所從出則物之當有當無莫不喻；亦不待語而後知諸公所論但

守之不失不為異端所刦則進進不已物怪不須辨異端不必攻不逾期年吾道勝矣。若欲委之無窮村之不

可知則學為疑撓智為物昏交來無間卒無以自存而溺於怪妄必矣。」宋儒所謂理者果能貫天地人幽明

常變而無間否自難斷言然其所求則固如此其說自成一系統其精粹處確有不可磨滅者則固不容誣也。

以其所求之徹底，故其所爲必衷諸究極之是非；而尋常人就事論事之言，悉在所不取。或問伊川：「前世隱者或守一節或悖一行不知有知道者」曰「若知道則不肯守一節一行也此等人鮮明理多取古人一節事專行之。古人有殺一不義雖得天下不爲則我亦殺一不義雖得天下不爲。古人有高尚隱逸不肯就仕則我亦高尚隱逸不仕如此則放效前人所爲耳於道鮮有得也是以東漢尚名節有雖殺身不悔者只是不知道也」陽明亦曰「聖賢非無功業氣節但其循著天理則便是道不可以事功氣節名之」蓋天下有眞知其故而爲之者亦有並不眞知但慕悅他人之所爲而從而效之者不眞知而爲之者之必有豪釐千里之差浸至多葛夏襲之謬此宋儒之所以重明理也理學家之所謂理果至當不易與否自難斷言然其心則固求明乎究極之理，而後據之以行事也。

以此推之政治則不肯作一苟且之事宋儒有一習道之語曰：「治非私智之所出。」所惡於私智者以其欲強自然之事實以從我之欲，不合乎天然之理不足致治而轉益糾紛也伊川曰「孔明有王佐之才道則未盡王者如天地之無私心焉，而得天下不爲。孔明必求有成而取劉璋聖人寧無成耳」。一時一事之成功就一時一事言之固有利統全局言之實有害故有所不爲也呂與叔明道哀辭謂其「寧學聖人而未至不欲以一善成名寧以一物不被澤爲己病不欲以一時之利爲己功」眞理學家都有此意

其行諸己者，尤爲卓絕。橫渠曰：「學必如聖人而後已。人而不知天求爲賢而不求爲聖此秦漢以來學者之大蔽。」伊川曰：「且莫說將第一等讓與別人且做第二等纔如此說便是自棄。雖與不能居仁由義者差等不同其自小則一也言學便以道爲志言人便以聖人爲志自謂不能者自賊者也謂其君不能者賊其君者也」所以必希聖必以第一等人自期者以天下惟有一眞是舍此皆不免豪釐千里之差也。

如此徹底之道並不恃天賦之資其功皆在於學伊川曰：「別事都強得惟識量不可強今人有斗筲之量，有釜斛之量有鍾鼎之量有江河之量。江河之量亦大矣然有涯有時而滿惟天地之量則無滿。人，天地之量也聖人之量道也常人之有量者天資也天資之量須有限。大抵六尺之軀力量只如此雖欲不滿不可得也」讀「六尺之軀力量只如此」九字眞足使困知勉行者氣爲之一壯矣。

理學家之學於理求其至明，於行求其無歉然二者又非二事明理者所以定立身之趨向；立身者所以完明理之功用也抑此非徒淑身施之當世亦無虧慊以天下惟有一理治身之理卽治世之理也理學家最服膺之語曰「體用一源顯微無間」（語出伊川易傳序）其斥理學以外之學則曰「言天理而不用諸人事是爲虛無是爲異學言入人事而不本諸天理是爲粗淺是爲俗學」二者之爲失雖異而其失惟鈞皆以不明乎獨一無二之理，故其所行逐至差謬也。

理學家視修己治人非有二道。故曰:「志伊尹之所志,學顏子之所學。」雖然,物莫能兩大,有所重於此,勢必有所輕於彼。理學家論治,每謂己不立則無以正物,其說固然(橫渠曰:「德未成而先以功業為事,是代大匠斲,希不傷手也」明道曰:「不立己後雖向好事,猶為化物,己立後自能了當得天下萬物」朱子曰:「多只要求濟會時政庶他日臨事不至牆面」曰:「學者若得義理明,從此去量度事物,自然泛應曲當今世文人才士開口便說國家利害,把筆便述時政得失,濟得甚事?只是講明義理以淑人心,使世間識義理之人多,何患政治不舉?」)然因此全副精神皆貫注於內,而於外事遂有所不暇及,亦其勢也。後來顏習齋所攻擊專在於此。

凡事皆欲從源頭上做起,皆欲做到極徹底,而所言遂不免於迂闊,此亦理學之一弊也。為治如行修途,眼光須看得極遠,腳步須走得極穩。千里之行,始於跬步,意不可不存於千里,足不可不謹於跬步也。徒顧目前之險夷,而遂忘其所欲至,此則理學家所譏之俗學。目前雖幸免蹉跌,而所欲至之地,卒無可至之時,則其行為無謂矣。反於此者又或眼光看得極遠,而於目前之情形,有所不悉,遂不免於蹉跌,此則理學之弊理學家言治本,則致謹於王霸之辨;言治法,則欲復封建井田姑勿論所言之是非,然見在之世界去封建井田亦

遠矣。必如何而後封建井田可復，理學家不能言也。（非不言之，然其言多迂闊，實與未嘗言等。）則其欲復

封建井田亦徒存其願而已。況夫封建井田之未必可復邪？

泥古之足以致弊，宋儒亦非不知之然其所以自解者則曰：「必有關雎、麟趾之意而後可以行周官之

法度」（明道之言）然則周官法度之不能行，皆由關雎、麟趾之意之不足關雎、麟趾之意苟足周官之法

度，遂無不可行矣。（宋儒論治偏重德化，略於事為弊亦由此。）然宋儒於古人之法度實考之未精故其所

主張，自謂參酌古今實不免墨守古法。（由其誤謂古代成法皆合於至當不易之天理也使其真能詳考自

無此弊。）論治則欲復井田封建善俗則欲行古冠昏喪祭之禮，皆坐此弊。（宋儒於禮實行者甚多關學無

論矣。朱子所修儀禮經傳通解，自一家以至一國之禮悉具焉。陸象山之父名賀字道鄉亦酌先儒冠昏喪祭

之禮行之於家此等事不勝枚舉。○宋儒於禮考古之作亦甚多儀禮經傳通解外如陳祥道之禮書敖繼公

之儀禮集說等皆是。○宋儒所謂禮實不可行於世讀呂氏之藍田鄉約便可見之。）古代社會階級較後世

為嚴，宋儒率古禮而行之，實於後世情形有所不合人心遂覺其不安；人人皆覺其所行為不近情後來戴東

原所攻擊專在於此（陽明言心學，故其所言較宋儒稍為活動陽明之言曰：「天下古今之人其情一而已

矣。先王制禮皆因人情而為之節文是以行之萬世而皆準其或反之吾心而有所未安者非傳記之誤缺則

必風氣習俗之異宜。此雖先王未之有，亦可以義起。三王之所以不相襲禮也。若徒拘泥於古不得於心，而冥

行焉是乃非禮之禮行不著而習不察者矣」其與鄒守益書曰：今之爲人上而欲道民以禮者，非詳且備之

爲難惟簡切明白使人易行之爲貴耳」其言皆較宋儒爲弘通然必謂先王之法可行之萬世而準則仍未

免蓬之心率此行之，必致仍以先王之法爲本以吾之意見略加參酌自謂可行之當世而仍未必有當於世

人之情耳）

宋儒之尊君權，與其嚴階級同蔽固由晚唐五代裂冠毀冕，有以激之；亦其拘守古人成法太過謂欲求

治，必如古人所爲；古代君權本尊，宋人持論遂不覺其太過也。宋學開山孫明復作春秋尊王發微即大昌尊

君之義且謂春秋有貶無褒。其持論之酷如此。溫公疑孟子詆其貴戚易位之言。李覯作常語辨以孟子爲五

霸之罪人謂「五霸率諸侯事天子孟子勸諸侯爲天子苟有人性必知其逆順矣」然則孔子稱「湯武革

命應天順人」孔子亦五霸之罪人乎？此弊理學家入之頗深。至清代曾國藩等猶有此見社會之所以能立，

其原因自極深遠此輩則謂非有封建之世階級森嚴下之視上懍乎其不可犯之風氣不足維持謂此等名

分一壞即不免於大亂實由其於社會現象研之未深而徒以古爲郅治之世致有此繆見也。

宋儒自謂於二氏之學頗深故能入其室而操其戈。後之議理學家者則又謂周程張朱等其初皆與二

氏有交涉，故其說實不免於儒其貌而釋老其心。（葉水心之論即如此。水心習學記言云：「程氏答張氏論定性動亦定，靜亦定；無將迎無內外當在外時何者在內天地普萬物而無心聖人順萬事而無情擴然而大公物來而順應；有為為應迹明覺為自然內外兩忘無事則定明；喜怒不繫於心而繫於物，皆老佛語也。程張攻擊老佛，然盡用其學而不自知。」又謂周、張二程無極太極動靜形氣聚散等為以佛說與佛辯。○晁以道謂濂溪師事鶴林寺僧壽涯得「有物先天地，無形本寂寥能為萬象主不逐四時彫」之偈。性學指要謂濂溪初與東林總游久之無所入。總教之靜坐月餘忽有得以詩呈曰：「書堂兀坐萬機休日煖風和草自幽誰道二千年遠事，而今只在眼睛頭。」總肯即與結青松社游則濂溪早年確與二氏有交涉，無怪其太極圖之取資於彼也。至張子朱子等之出入二氏則更事實鑿鑿無待考證矣。）至於邵子之被斥以道家陸王之見疑於佛學則更不俟深論矣然明儒者於二氏之學入之實不深故其所詰難多不中理。焦澹園謂「伯淳未究佛乘故其掊擊之言率揣摩而不得其當大似聽訟者兩造未具，而億決其是非臧證未形，而縣擬其罪案」斯言得之。「改頭換面」實非理學家所能也。（宗杲教張子韶謂「既得把柄開道之際當改頭換面隨宜說法」即使為陽儒陰釋之論也子韶名九成錢塘人自號橫浦居士又稱無垢居士龜山弟子。朱子闢之以為洪水猛獸。）

老釋相較，釋氏之說遠較老氏爲高理學家雖以二氏並稱，實則其所關者十九在釋氏也。儒家關佛之

說爲宋儒所稱者爲韓退之之原道。其說實極粗淺宋初關佛者有石介之中國論歐陽修之本論亦原道之

類耳稍進而其說乃精。

宋儒關佛第一要語爲程子之「吾儒本天，異端本心。」其所謂天者，即天地萬物之定理謂宇宙間一

切皆有定則爲人所當遵守而不踰。釋氏惟任其心之所見則一切無定。故以知識言則不能明理以制行論，

遂至猖狂妄行也。張子謂釋氏「不能窮理，故不能盡理」意亦同此。其實天下無不明事理可成學問者釋

氏之注重一心乃將人類一切罪惡加以窮究謂其根原皆出於心耳能所二者不能相離承認有我即不當

承認有物亦不當承認有我矣。理學家謂「吾儒知有理，故其言心也從至變之中而得其不變者。」釋

釋氏但見流行之體」未免以禪宗之流失概佛教之本來也。

又謂「釋氏有敬以直外無義以方外」（亦明道之言）案佛氏有三千威儀八萬細行。更進而言之，

則有六波羅蜜。凡可以饒益有情者善巧方便無所不爲戒律之嚴尤爲他教所莫比安得謂無制行之義邪？

延平云「吾儒異於異端者理一而分殊也理不患不一所難者分殊耳」朱子曰「理一體也分殊用

也。」蓋謂釋氏有仁而無義也然冤親平等乃以究極之義言之。至於應事則釋氏亦有種種方便曲盡其妙

試讀華嚴之五十三參可知正不得謂有仁而無義也。況理不患不一所難者分殊語亦有病此則陽明之心學足以正之矣。

有以善爲吾心所本有疑釋氏一切空之遂幷善而欲空之者。明道謂其「直欲和這些秉彝部消鑠得盡」是也然善者心之本體正空無一物之謂（如鑑之明。）若先有世間之所謂善者雜乎其中（如鑑中美景。）則眼中金屑矣心學家謂心體本空惻隱羞惡辭讓是非皆自此空體流出頗得佛意空者空其欲障。

四端卽心之本體非本體爲一物而四端別爲一物藏於其中也然則秉彝安可消鑠盡邪秉彝而消鑠盡則幷明道所謂佛所欲見之心性而無之矣。（明道曰：「彼所謂識心見性也若存心養性一段事則無矣」）何也秉彝卽心性也？

有謂二氏專從生死起念不離乎貪生畏死之情者案後世所謂道教實古之神仙家神仙家專求長生，冀享世間之快樂宋儒闢之是也然此實不直一闢至於眞道家及佛氏則了無貪生畏死之念世未有淺至貪生畏死猶能成爲學成爲教者此亦不足辯也宋儒之說乃覩世俗信奉二氏者皆不離乎貪生畏死之念，遂以此答二氏耳亦可見其於二氏之學入之實不深矣。

或謂佛氏專從事於一心久之見其昭昭靈靈如有一物，遂以此爲心之本體得此則天地萬物雖壞，而

此不壞；幻身雖亡，而此不亡。又或靜久，精神光采其中了無一物，遂以爲眞空此皆禪宗之末失。宋時佛教諸

宗皆衰惟禪宗獨盛故宋儒闢佛多指禪宗言之後之理學家不加深察遂謂佛教僅如此耳其實禪宗不足

概佛教之全禪宗之流失卽彼亦以爲魔道也。

張子曰：「若謂虛能生氣則虛無窮氣有限體用殊絕入老氏有生於無自然之論。」老氏說果如此張

子關之誠爲得當然老子所謂「天地萬物生於有有生於無」者卽莊子「有不能以無爲有」之說謂天

下萬物彼不能爲此之原因此亦不能爲彼之原因故不得不歸之於無無猶言不可知正認論之精義也。

又有謂我之所謂無爲乃無私意造作彼則眞入於無爲此則道德五千言俱在其餘道家之言亦俱在稍

一披覽卽可知其所謂無爲者果係一事不爲抑係無私意造作亦不俟辯也。

理學家之闢二氏多屬誤會之談然其說仍有極精者不能以其於二氏之說有所誤會遂概斥爲不足

道也今試引數事如下

或謂明道：「釋氏地獄之類皆是爲下根人設怖會爲善」曰：「至誠貫天地人尙有不化豈有立僞教

而人可化乎？」或問陽明：「佛以出離生死誘人入道仙以長生久視誘人入道究其極致亦見得聖人上一

截然非入道正路。」陽明曰：「若論聖人大中至正之道徹上徹下只是一貫更有甚上一截下一截」明道

論神教不能普行之理甚精。蓋凡神教雖亦見得究極之理終不免有許多誘人之說。究極之理真誘人之說，則偽一時雖借此誘人久之其遭人揞聲者即在於此此亦可見說非真理終不能立也。陽明之說尤覺簡易直截獨標真諦。

陽明曰：「仙釋說到虛聖人豈能虛上加得一豪實？佛氏說道無聖人豈能無上加得一豪有？但仙家說虛，從善生上來；佛氏說無從出離生死苦海上來卻於本體加這一些子意思便於本體有障礙。」佛氏說無從出離生死苦海上來卻於本體加這一些子意思便不是虛無的本色便於本體有障礙。聖人只是還他良知的本色，更不著些子意思良知之虛便是天的太虛良知之無便是太虛無形日月風雷山川民物凡有貌象形色皆在太虛無形中發用流行，未嘗作得天的障礙聖人只是順其良知之發用。天地萬物俱在我良知發用流行中又何嘗有一物超於良知之外能作障礙」案神仙家不足論陽明謂佛氏亦有所著亦非真知佛說之談然所說之理則甚精真妙有原係一事必知此義乃不致以空為障也。

梨洲曰：「佛氏從生死起念只是一個自為其發願度衆生亦即一個為人何曾離得楊墨科曰豈惟佛氏自科舉之學與儒門那一件不是自為為人？自古至今只有楊墨之害更無他害。」案謂佛氏從生死起念，前已辨之其發願度人則正所謂秉彝之不容已儒家力爭性為善而非空正是此意。不得轉以此病釋氏也。

然梨洲關佛雖非是，而其將一切惡，悉歸到為人為己上見得至善惟有一點更移動分寸不得，則其說甚精。

凡教總不能無迷信之談，此乃借以牖世本非教中精義得其義棄作筌蹄可矣。佛說來自天竺，彼土之人好鶩遠想說尤恢詭此亦非佛說精義所在也而此土之人或竟信以為真則墮入迷信矣。溫公不信佛曰：「其微言不能出吾書其誕者吾不信也」佛說之誕乃其興於天竺使然不足為佛病然論佛說而能及此，卻可掃除許多障礙也。

朱子釋氏論曰：「佛之所生去中國絕遠其書來者文字音讀皆累數譯而後通。而其所謂禪者，則又出於口耳之傳而無文字之可據。以故人人得竄其說以附益之而不復有所考驗今其所以或可見者獨賴其割裂裝綴之迹猶有隱然於文字之間而不可揜者耳蓋凡佛之書其始來者如四十二章遺教法華金剛光明之類其所言者，不過清虛緣業之論神通變見之術而已及其中間為其學者如惠遠僧肇之流乃始稍竊列莊之言以相之然尚未敢以為出於佛之口也及其久而恥於假借則遂顯然竊取其意而文以浮屠之言。如楞嚴所謂自聞，即莊子之意；而圓覺所謂四大各離今者妄身當在何處，即列子所謂精神入其門骨骸及其根我尚何存者也凡若此類不勝枚舉。然其說皆萃於書首其玄妙無以繼之然後佛之本真乃見如結壇、誦呪二十五輪之類以至於大力金剛吉盤荼鬼之屬則其麁鄙俗惡之狀較之首章重玄極妙之旨蓋水火之不相入矣至於禪者之言則其始也蓋亦出於晉宋清談論議之餘習而稍務反求靜養以默證之或能頗

出神怪以衒流俗而已。如一葉五花之識隻履西歸之說雖未必實有其事然亦可見當時所尚者止於如此

也。其後傳之既久聰明才智之士或頗出於其間而自覺其陋於是更出己意益求前人之所不及者以陰佐

之；而盡諱其怪幻鄙俚之談。於是其說一旦超然眞若出乎道德性命之上而惑之者遂以爲果非堯、舜、周、孔

之所能及矣然其虛夸詭誕之情淫巧僞浮之態展轉相高日以益盛則又反不若其初時清閒靜默之說猶

爲彼善於此也」（語類「宋景文唐書贊說佛多是華人之譎誕者攘莊周、列禦寇之說佐其高此說甚好。

如歐陽公只說個禮法程子又只說自家義理皆不見他正贓。佛家先偷列子列子說耳目口鼻心體處有六

件佛家便有六根又三之爲十八戒初間只有四十二章經無甚地多到東晉便有談議如今之講師做一篇

議總說之到後來談議厭了，達磨便入來只靜坐於中稍有受用人又都向此。今則文字極多大概皆是後

來中國人以列莊說自文夾插其間都沒理會了。」）案佛說有大小乘其來有早晚其經有眞偽譯有善否。

又有意譯直譯之殊直譯者或能傳其說之眞意譯者則不免擾以此方之語若以爲學術而研究之其中應

考校處甚多。朱子所論雖未盡當（如不知列子係僞書竊佛說反以爲佛竊列子之類。）然能見及此中鏤

隙要不可謂非善讀書者自漢學之與輩詆宋儒爲空疏武斷其實宋儒如朱子即讀書極博之人此外博洽

者尙多其勇於懷疑善於得閒尤非漢唐及清儒所及。清代考證之學實亦自宋儒開其源（如朱子疑古文

尚書吳棫發明古韻等皆是。）特竟其業耳此說甚長當別專論，乃能盡之此篇不能詳也。

理學自創始迄今幾千年信從者固多攻擊者亦不少綜所攻擊不外兩端一病其空虛無用一以為不

近人情而已前說可以清之顏習齋為代表後說可以戴東原為代表然二家所攻實皆理學末流之弊至於

理學之真則自有其卓然不可沒者舊有訂戴一篇今附錄於後以見戴氏之說之所由來，及其當否今更

略評顏氏之說如下。

顏氏之攻理學一言蔽之曰不切實用而已。故其釋「致知在格物」必以周官之鄉三物為物；而曰：「知

無體以物為體」其說窮理則謂理在事中必就事分析極精，乃為窮理（此說與戴氏同）習齋之言曰：「以

讀經史訂羣書為窮理處事以求道之功，則相隔千里；以讀經史訂羣書為即窮理處事而曰道在是焉，則相

隔萬里矣。讀書猶琴譜也。爛熟琴譜講解分明可謂學琴乎？故曰：以講讀為求道相隔千里也更有妄

人指琴譜曰是即琴也辨音律協風韻理性情通神明比物此志也譜果琴乎？故曰：以書為道相隔萬里也。

得其調撫嫻其指弦求中音徽求中節是之謂學琴矣未為習琴也手隨心音隨手清濁疾徐有常功；鼓有常

規奏有常樂是之謂習琴矣未為能琴也弦器可手製也音律可耳審也詩歌惟其所欲也心與手忘手與弦

忘於是乎命之曰能琴」（存學編性理書評）顏氏之言如此此其所以以習自號也。顏氏之訾宋儒曰：「宋

儒如得一路程本觀一處，又觀一處，自以爲通天下路程，人亦以曉路程稱之其實一步未行，一處未到。」（見

年譜）顏氏謂宋儒之病在習靜在多讀書故提唱習動謂「誦說中度一日則習行上少一日；紙墨上多一

分，則身世上少一分」又謂「讀書愈多愈惑審事機無識辦事愈無力。」又謂「書生必自知其愚益深。」案

理學末流之弊誠有如習齋所云者。然流弊何學蔑有要不得以此并沒其學之真偏於靜偏於讀書誠理學

必至之弊然而創理學者及理學大家初未謂當如此。讀前此諸篇可見也。大抵思想當大變動之時其人必

好鶩心於玄遠以其視前此之是非然否悉不足憑而當別求標準也。宋代正是其時。今日時勢危急羣趨實

際救焚拯溺之不暇而講哲學之風反大盛亦以此故偏於讀書之弊不獨宋學爲然率天下之人而至於疏

於處事亦誠在所不免然此亦不得不然今之科學家固有終身在試驗室中而未嘗一用其所學，

以作實事者矣。亦得誣爲但讀葦譜但觀路程本邪？

附訂戴

戴東原作原善、孟子字義疏證以攻宋儒近人亟稱之謂其足救宋儒之失而創一新哲學也予謂戴

氏之說足正宋學末流之弊耳至其攻宋學之言則多誤宋學末流之弊亦有創始之人有以召之者戴氏

又不足以知之也宋學之弊在於拘守古人之制度制度不虛存必有其所依之時與地而各時各地人心

不同。行諸此時此地，而釐然有當於人心者，未必其行諸彼時彼地，而仍有當於人

心，則其制不可不改。是以五帝不襲禮三王不沿樂，此猶夏葛而冬裘其所以求其當同也。宋之

世，去古亦遠矣。民情風俗，既大異於古矣。古代之制安能行之，而當於人心乎？宋儒不察執古之制以為天

經地義，以為無論何時何地，此制皆當於理略加改變實與未改者等，而欲以施之當時。夫古之社會，其不

平等固甚。宋時社會之等級，既不若古之嚴矣。在下者之尊其上，而自視以為不足與之並，亦不若古之甚

矣。宋儒遂民之制而行之，遂使等級之燄復熾，與人心格不相入。戴氏之言曰：「今之治人者視古聖賢體

民之情，遂民之欲，多出於鄙細隱曲不屑措諸意。而及其責以理也，不難舉曠世之高節，著於義而罪之，尊

者以理責卑長者以理責幼貴者以理責賤者雖失謂之順卑者幼者賤者以理爭之雖得謂之逆於是下之

人不能以天下之同情，天下所同欲達之於上上以理責其下，而在下之罪人人不勝指數人死於法猶有

憐之者。死於理其誰憐之？」夫使尊者長者貴者威權益增，而卑者幼者賤者無以自處是誠宋學之弊勢

有所必至。由其尊古制重等級有以使之然也。（東原又謂：「今處斷一事責詰一人莫不曰理者於是負

其氣挾其勢位加以口給者理伸力弱氣懾口不能辭者理屈」）此則由人類本有強弱之殊理特其所藉

口耳。不能以此為提唱理者之罪也。）至於以理責天下之人則非創宋學者之所為，而為宋學末流之失。

戴氏又謂「理欲之說行，則讒說誣辭得刻議君子而罪之使君子無完行」夫以宋儒克己之嚴，豪釐不

容有歉因推此以繩君子而失之嚴事誠有之至於小人則宋儒曷嘗謂其欲可不遂而不爲之謀養生遂

死之道哉。橫渠見餓莩輒咨嗟對案不食者經日嘗以爲欲致太平必正經界欲與學者買田一方試之未

果而卒程子提唱社會朱子推行社會凡宋儒講求農田水利賦役之法勒有成書欲行之當世者蓋數十

百家。其志未嘗行其書亦不盡傳然其事不可誣也鄉曲陋儒抱性理大全侈然自謂已足不復知世間有

相生相養之道。徒欲以曠世之高節責之人民此乃爲學末流之失安可以咎宋儒所謂理者卽天

然至善之名。戴氏所謂必然之則也。戴氏稱人之所能爲者爲「自然」出於血氣其所當止者爲「必然

出於心知與宋儒稱人之所能爲而不必當者爲氣質爲欲所當善者爲義理爲性有以異乎無以異乎夫

特異其名而已。戴氏則曰：「吾所謂欲者出於血氣所謂理義者出於心知血氣心知皆天之所以與我是

一本也。宋儒謂理出於天附著湊泊於形體形體者氣質適足爲性之累。」夫宋儒曷嘗謂氣質

非出於天哉謂「義理氣質同出於天則氣質不應爲義理之累宋儒謂氣質爲義理之累，是二之也。」

然則戴氏所謂血氣者任其自然遂不足爲心知之累歟謂任血氣之自然不足爲心知之累則戴氏所謂

「耳目鼻口之欲必以限制之命節之」之說爲不可通矣謂性必限之以命；而聲色臭味常然之則必以

心為之君；則宋儒之說，戴氏實未有以易之也若曰：「民之秉彝，好是懿德。心知之自然能好懿德，猶耳目鼻口之自然能好聲色臭味以是見義理之具於吾心，與宋儒謂義理之性原於理，而理出於天者不同」則宋儒固亦未嘗不謂理具於吾心也特本之於天耳即戴氏謂義理之悅，天然具於吾之心知而推厥由來，亦不能謂其不本之於天也戴氏謂「飲食能為身之養者以其所資以養之氣，與所受之氣同問學之於德性亦然」是也安得謂宋儒「更增一本」乎？

戴氏曰：「宋儒所謂理即老氏所謂真宰釋氏所謂真空也老釋自私其身，欲使其身離形體而長存。乃就一身分為二而以神識為本推而上之途以神為有天地之本以無形無迹者為有，而視有形有迹者為幻宋儒以理當其無形無迹者，而以氣當其形體。故曰心性之邠廓。」老氏、釋氏是否自私其身是否歧神與形而二之今不暇及。宋儒之闢釋氏也曰：「釋氏本心吾儒本天。」其所謂理與老釋之所謂神識非同物則彰彰明矣。宋儒蓋病老釋以萬物為虛獨吾心所知見者為實則一切皆無定理猖狂妄行，無所不可故欲以理正之宋儒所謂理者乃事物天然之則，即戴氏所謂「有物必有則」而其所謂義理之性則吾心之明能得此天然之則者，即戴氏所謂「能知不易之則之神明」也安得視為虛而無薄之物乎？

戴氏謂「老釋內其神而外形體舉凡血氣之欲，悉起於有形體以後而神至虛靜無欲無為宋儒沿

其說。故於民之饑寒愁怨，飲食男女，常情隱曲之感，視為人欲之甚輕，古之言理也就人之情欲求之，使之無疵今之言理也離人之情欲求之，使之忍而不顧。故用之治人，則禍其人夫人之生也莫病於無以遂其生欲遂其生亦遂人之生，仁也。欲遂人之生至於戕人之生而不顧，不仁也。不仁實始於欲遂其生而遂人之生無是此欲必無不仁矣。然使無此欲，則於天下之人生道窮促，亦將漠然視之，己不必遂其生，而遂人之生無情也。故欲不可無節之而已。謂欲有邪正則可，以理為正以欲為邪則不可也。」此為戴氏主意所在。自比於孟子不得已而言者吾聞朱子之言曰：「飲食，天理也。要求美味，人欲也。」則朱子所謂天理亦即欲之出於正者。與戴氏謂「欲其物理其則」同。未嘗謂凡欲皆不當於理也。人之好生乃其天然不自已之情。自有人類以來未有能外之者也。世固有殺生以成仁亦有殺以止殺者。彼以為殺其身不殺殺之可以止殺之人則於生道為有害。其事雖出於殺其心仍以求夫生也。自有人類以來未有以死為可歆生為可厭者戴氏以為宋學者不欲遂人之生為慮可謂杞人憂天之隊矣若謂欲遂人之生者，先不能無自遂其生之心則又有說世無不肯舍其生而可以救人者蓋小我之與大我其利害時有不同。於斯時也而無捨己救人之心，亦如恆人徒存一欲遂其生之念則終必至於戕人之生而不顧此成仁之所以必出於殺身而行菩薩行者所以必委身以飼餓虎也彼行菩薩行者寧不知論各當其分之義固不當食肉以自養亦不

必委身以飼虎哉？不有純於仁之心，固無以行止於義之事。彼行止於義者，其心固純於仁。所以止於義也心之量，

以所能行之之仁，止於如此，不如此則轉將成爲不仁；故不得已而止於此，而非其心之量，

苟適如其分而已。及其行之之未有能盡乎其分者。而戴氏所謂戕人之生以遂其生之禍作矣。故以純乎理

責恆人宋儒未嘗有此；其有之，則宋學之未失也。至於以純乎理自繩其身，則凡學問未有不當如此者抑

強天下之人使皆進於高節則不能誘掖天下之人，使同進於高節則固講學問者所當同具之志願。而非

至天下之人，眞能同進於高節，天下亦決無眞太平之望也。

戴氏謂「老釋以其所謂眞宰眞空者爲已足，故去情欲勿害之，而不必問學以擴充之。宋儒之說，

猶夫老釋之說故亦主靜以水之淸喩性以其受汙濁喩氣質宋儒所謂氣質卽老釋所謂情欲也。水澄之

則淸，故主靜而易其說爲主敬存理」云云主靜之說發自周子其說曰：「立天之道曰陰與陽。立地之道，

曰柔與剛立人之道曰仁與義。」又曰：「聖人定之以中正仁義而主靜立人極焉」蓋以人之所行不越

仁義而二者名異而實同義所以行仁而仁則所以爲義立之體無義固無以行仁無仁亦無所謂義當仁

而仁正其所以爲義當義所以全夫仁所謂中也止於中而不過則所謂靜也何以能靜必有持守

之方焉則程子所謂主敬也。主敬而事物至當不易之則（宋儒所謂理。）存焉矣宋儒所謂靜非寂然不

動之謂也。戴氏之說實屬誤會。

戴氏謂「宋儒詳於論敬而略於論學。」此亦宋學末流之失。若程朱則「涵養須用敬，進學在致知，」兩端固並重也。抑進學亦必心明而後能之，故反身自勘之學終不能不稍重於內。戴氏曰：「聖人之言，無非使人求其至當以見之行。求其至當即先務於知也。凡去私不求去蔽，重行不先重知非聖學也。」此說與程朱初無以異。又曰：「聞見不可不廣，而務在能明於心。一事豁然使無餘蘊更一事而亦如是久之心知之明，進於聖知則雖未學之事豈足以窮其知哉?」此說亦與朱子「一旦豁然貫通」之說同。蓋天下事物窮之不可勝窮，論明與蔽者終不得不反之於心也。然與戴氏力主事物在吾心之外謂心知之資於事物以益其明猶血氣之資於飲食以益其養者則未免自相矛盾矣。

戴氏謂「心之能悅懿德，猶耳目鼻口之能悅聲色臭味。接於我之血氣辨之而悅之者，必其尤美者也。接於我之心知辨之而悅之者必其至是者也」夫口之同嗜易牙，目之皆妵子都，耳之皆期師曠亦以大致言之耳鴟梟嗜鼠即且甘帶人心之異，有不翅其若是者矣。謂義理之尤美者，必能為人所悅其然豈其然乎乃戴氏又曰：「理也者，情之不爽失者也。凡有所施於人反躬而靜思之人以此施於我能受之乎?凡有所責於人反躬而靜思之人以此責於我能盡之乎以我絜之人則理明。」故曰：「去私莫如強恕」

夫人心之不同，如其面焉固有此視爲不能受，彼視爲無難受；此視爲不能盡，彼視爲無難盡者矣若曰：

「公則一私則萬殊人心不同如其面只是私心。」則非待諸私欲盡去之後不可，因非凡人所能持以爲

是非之準也。凡人而度其所能受以施諸人度其所能盡以責諸人適見其一人一義十八十義樊然淆亂

而已矣戴氏曰：「心之所同然始謂之理謂之義未至於同然者存乎其人之意見非理也非義也凡一人

以爲然，天下萬世皆曰是不可易也。此之謂同然」此說安能見之於實。如戴氏之所云亦適見其自謂戲

理，而終成其爲意見而已矣。

理學綱要

中華民國二十年三月初版

每冊定價大洋壹元貳角

外埠酌加運費匯費

編纂者　　呂　思　勉

發行人　　王　雲　五
　　　　　上海寶山路五〇一號

印刷所　　商務印書館
　　　　　上海寶山路

發行所　　商務印書館
　　　　　上海及各埠

OUTLINES OF CONFUCIAN
PHILOSOPHY
BY LÜ SZÜ MIEN
PUBLISHED BY Y. W. WONG
1st ed., March, 1931
Price: $1.20, postage extra
THE COMMERCIAL PRESS, LTD., SHANGHAI